楊照

中國傳統經典選讀 ④

論語

所有人的孔老師

目次

中國傳統經典選讀總序

楊照

一

二〇〇七年到二〇一一年，我在「敏隆講堂」連續開設了五年、十三期、一百三十講的「重新認識中國歷史」課程。那是個通史課程，將中國歷史從新石器時代到辛亥革命做了一次整理，其基本精神主要是介紹過去一百多年來在中國歷史研究上的許多重大、新鮮發現與解釋，讓中國歷史不要一直停留在「新史學革命」之前的傳統說法上，所以叫做「重新認識中國歷史」。

這套「中國傳統經典選讀」的內容，最先是以接續「重新認識中國歷史」的課程形式存在，因而在基本取徑上，仍然是歷史的、史學的，等於是換另一種不同的方式，重講一次中國歷史。

「重新認識中國歷史」由我從上下數千年的浩瀚內容中，依照我的判斷，選出重要的、值得介紹、討論的面向，來呈現中國歷史。「中國傳統經典選讀」則轉而希望降低個人主觀的選擇判斷成分，讓學員能夠從原典來認識、了解中國歷史。

從原典認識、了解中國歷史，牽涉到一項極其難得的幸運條件。兩千多年前的中國文字，兩千多年之後，我們一般人竟然都能不用透過翻譯直接閱讀，光靠直覺就能掌握其訊息大概，再多費點工夫多些解釋，還可以還原大部分的本意。中國古文字和我們今天日常使用的這套文字，有著明顯、強烈的延續性，現代通用的大部分文字，其起源可以直接追溯到《詩經》、《尚書》，少部分甚至還能再上推到甲骨、金文。儘管文法有相當差距，儘管字義不完全相同，但古文字和現代文字在運用上，有著容易對照的規律可循。

這是人類文明的奇特狀態。世界歷史上實在找不到另一個例子，從西元前三千年到現在，同一套文字、同一套符號與意義結合的系統，五千年沒有斷裂消失，因而可以直接挪用今天的文字習慣，來接近幾千年前的文獻。

高度延續性的文字傳統，在相當程度上決定了中國文明的基本面貌，也讓中國社會付出了相對的代價，才造就了現實中我們每個人身上極為難得的能力。我們沒有理由不去認知、善用如此特殊的能力吧！

二

閱讀原典的第一個理由是：中國歷史有其原初的材料，透過這些材料的累積、解釋、選擇，才形成了種種對於歷史的敘述說法。對於中國歷史有興趣的人，聽過了別人給的歷史敘述說法後，應該會想要回到原初材料，一方面看看歷史學者如何利用材料裡炒出菜餚的過程，一方面也自己去覆按檢驗歷史敘述的對錯好壞吧！

我們讀過課本介紹《詩經》是一本什麼樣的書，也聽過許多從《詩經》中擷取材料來重建西周社會面貌的說法，在這樣的基礎上去讀《詩經》，或許你會發現《詩經》的內容和你原本想像的不太一樣；也可以覆按你原先對西周的認識和《詩經》所顯現的，是不是同一回事。不管是哪種經驗，應該都能帶來很大的閱讀樂趣吧！

閱讀原典的第二個理由是：這些產生於不同時空環境下的文獻，記錄的畢竟都是人的經驗與感受，我們今天也就必然能夠站在人的立場上，與其經驗、感受彼此呼應或對照。也就是，我們能夠從中間讀到相似的經驗、感受，隔著時空會心點頭；也能夠從中間讀到相異的經驗、感受，進而擴張了我們的人生體會。

源於一份史學訓練帶來的習慣與偏見，必須承認，我毋寧比較傾向於從原典中獲取其與今日現實相異的刺激。歷史應該讓我們看到人類經驗的多樣性，看到人類生活的全幅可能性，進而挑戰質疑我們視之為理所當然的種種現實狀況。這是歷史與其他學問最根本的不同作用，也是史學存在、無可取代的核心價值。

三

前面提到，擁有延續數千年的文字，讓中國社會付出了相對的代價，其中一項代價，就是影響了中國傳統看待歷史的態度。沒有斷裂、一脈相承的文字，使得中國人和前人、古人極為親近、關係密切。歷史因而在中國從來都不是一門研究過去發生什麼事的獨立學問。歷史和現實之間沒有明顯的界線，形成無法切割的連續體。

理解歷史是為了要在現實上使用，於是就讓後來的觀念想法，不斷持續滲透進中國人對於歷史的敘述中。說得嚴重一點，中國的傳統態度，是一直在以現實、針對現實所需，改寫歷史。後世不同的現實考量，一層層疊在歷史上，尤其是疊在傳統經典的解釋上。因而我們不得不做的努力，是想辦法將這些後來疊上去的解釋，倒過來一層一層撥開，看看能不能露出相對比較純粹些的原始訊息。如此我們才有把握說，從《詩經》中，我們了解了兩千年前、兩千五百年前中國的某種社會或心理狀況。或是盡量放在周初的政治結構下來呈現《尚書》所表達的周人封建設計，而不至於錯置了秦漢以下的皇帝制價值，來扭曲《尚書》的原意。

意思是，我不會提供「傳統」的讀法，照搬傳統上對於這些文本的解釋。許多傳統上視之為理所當然的說法，特別需要被仔細檢驗，看看那究竟是源自經典原文的意思，還是後來不同時代，因應其不同現實需求，所給予的「有用」卻失真的解讀。

將經典文本放回其產生的歷史時代背景，而非以一種忽略時代的普遍角度，來讀這些傳統經典，是關鍵的前提。也是「歷史式讀法」的操作型定義。

在「歷史式讀法」的基礎上，接著才會有「文學式讀法」。先確認了這些經典不是為我們而寫的，它們產生於很不一樣的時代，是由跟我們過很不一樣生活的先人們所記錄下來的，於是我們就能排除傲慢、自我中心的態度，培養並動用我們的同理心，想像進入他們那樣異質的生活世界中，去接近他們的心靈遺產。

在過程中我們得以拓展自己的感性與知性能力，不只了解了原本無法了解的異質情境；更重要的，還感受了原本從來不曉得自己身體裡會有、可以有的豐富感受。我們的現實生活不可能提供的經驗，只存在於古遠時空中的經驗，卻藉文字跨越了時空，對我們說話，給我們新鮮、強烈的刺激。

正因為承認了經典產生於很不一樣的時空環境，當我們對經典內容產生感應、感動時，我們有把握，那不是來自於用現實的考量，斷章取義去appropriate（套用）經典，而是這裡面真的有一份普遍的人間條件貫串著、連結著，帶領我們對於人性與人情有更廣大又更精細的認識。

四

「選讀」的做法，是找出重要的傳統經典，從中間擷取部分段落，進行仔細解讀，同時以這些段落為例，試圖呈現一部經典的基本面貌，並說明文本與其產生時代之間的關係。

傳留下來的中國經典規模龐大，要將每一本全文讀完，幾乎是不可能的。而且這些文本中有很大部分，和我們今天的經驗有很大的差距，讀了並無助於理解現實，毋寧是讓我們心中產生異質的好奇感。因而我選擇的策略，是一方面從原典中選出一部分現代讀者比較容易有共感的內容，另一方面則選出一部分可以傳遞出高度異質訊息的，讓大家獲得一種跨越時空的新鮮、奇特刺激。前者帶來的效果應該是：「啊，他說得太有道理了！」後者期待在大家心中產生的反應則是：「哇，竟然有人會這樣想！」

解讀的過程中，會設定幾個基本問題。在什麼樣的時代、什麼樣的環境中，產生了這樣的作品？當時的讀者如何閱讀、接受這部作品？為什麼承載如此內容的作品會成為經典，長期傳留下來，沒有被淘汰消失？這樣一部作品，曾經發揮了什麼影響作用，以至於使得後來的其他什麼樣的典籍、或什麼樣的事件、思想成為可能？前面的經典和後面的經典，彼此之間有著怎樣的關係？

這幾個問題，多少也就決定了應該找什麼樣的經典來讀的標準。第一條標準，是盡量選擇具有原創性、開創性的作品。在重視、強調歷史、先例的文化價值下，許多中國著作書籍，是衍生性的。看看四庫全書所收錄的三千五百多種書籍，其中光是解釋《論語》的，就超過一百種。不能說這些書裡沒有重要的、有趣的內容，然而畢竟它們都是依附在《論語》這部書而來的衍生產物。因而我們就知道，優先該選、該讀的，不是這裡面任何一本解釋《論語》的書，而是《論語》。《論語》當然比衍生解釋《論語》的書，具備更高的原創性、開創性。

這條標準下，會有例外。王弼注《老子》，郭象注《莊子》，都大量援引了佛教觀念來擴張原典說法，進而改變了魏晉以下中國人對「老莊」的基本認識，所以雖然在形式上是衍生的，實質卻藏著高度開創性影響，因而也就應該被選進來認真閱讀。

第二條標準，選出來的文本，還是應該要讓現代中文讀者讀得下去。有些書在談論中國歷史時不能不提，像是《本草綱目》，那是中國植物學和藥理學的重鎮，但今天的讀者面對《本草綱目》，還真不知怎麼讀下去。

還有，一般中國文學史講到韻文文體演變時，固定的說法是「漢賦、唐詩、宋詞、元曲」，唐詩、宋詞、元曲當然該讀，但漢賦怎麼讀？在中國文字的擴張發展史上，漢賦扮演了重要的角色。漢朝的人開始意識到外在世界與文字之間的不等對應關係，很多事物現象找不到相應的字詞來予以記錄、傳達，於是產生了巨大的衝動，要盡量擴充字詞的範圍，想辦法讓字詞的記錄能力趕上複雜的外界繁亂光景。然而也因為那樣，漢賦帶有強烈的「辭書」性格，盡量用上最多最複雜的字，來炫耀表現寫賦的人如此博學。

漢賦其實是發明新文字的工具，儘管表面上看起來好像是文章，有其要描述、傳達的內容。多用字、多用奇字僻字是漢賦的真實目的，至於字所形容描述的，不管是莊園或都會景觀，反而是其次手段。描述一座園林，不是為了傳遞園林景觀，也不是為了藉園林景觀表現什麼樣的人類情感，而是在過程中，將園林裡的事物一一命名。漢賦中有很多名詞，一一指認眼前的東西，給他一個名字；也有很多形容詞，發明新的詞彙來分辨不同的色彩、形體、光澤、聲響……等等；相對的，動詞就沒那麼多。漢賦很重要，絕對值得介紹、值得認識，卻很難讀，讀了極端無趣。真要讀漢賦，我們就只能一個字一個字認、一個字一個字解釋，很難有閱讀上的收穫，比較像是在準備中小學生的國語文競賽。

還有第三條標準，那是不得已的私人標準。我只能選我自己有把握讀得懂的傳統經典。例如說《易經》，它是一本極其重要的書，卻不在我的選擇範圍內。儘管歷史上古往今來有那麼多關於《易經》的解釋，儘管到現在都還一直有新出的《易經》現代詮釋，然而，我始終進入不了那樣一個思想世界。我無法被那樣的術數模式說服，也無從分判究竟什麼是《易經》原文所規範、承載的意義，什麼是後世附麗增飾的。遵循歷史式的閱讀原則，我沒有能力也沒有資格談《易經》。

五

選讀，不只是選書讀，而且從書中選段落來讀。傳統經典篇幅長短差異甚大，文本的難易差異也甚大，所以必須衡量這兩種性質，來決定選讀的內容。

一般來說，我將書中原有的篇章順序，當作內容的一部分；也將書中篇章完整性，當作內容的一部分。這意味著，除非有理由相信書中順序並無意義，或為了凸顯某種特別的對照意義，我盡量不打破原書的先後順序，並且盡量選擇完整的篇章來閱讀，不加以裁剪。

從課堂到成書，受限於時間與篇幅，選出來詳細解讀的，可能只占原書的一小部分，不過我希望能夠在閱讀中摸索整理出一些趨近這本原典的路徑，讓讀者在閱讀中逐漸進入、熟悉，培養出一種與原典親近的感受，做為將來進一步自行閱讀其他部分的根柢。打好這樣的根柢，排除掉原本對經典抱持的距離感，是閱讀、領略全書最重要的開端。

第一章　《論語》的身世

《論語》的兩種唸法

現代中文裡，通常將《論語》書名的第一個字「論」讀成二聲。這樣的讀法，來自劉熙的《釋名·釋典藝》：「《論語》，記孔子與弟子所語之言也。論，倫也，有倫理也。語，敘也，敘己所欲說也。」將《論語》解釋為「有條理地敘述自己要說的話」。

不過傳統上也有另外一種將「論」字讀為四聲的主張。《漢書·藝文志》：「《論語》者，孔子應答弟子、時人，及弟子相與言而接聞於夫子之語也。當時弟子各有所記，夫子既卒，門人相與輯而論纂，故謂之《論語》。」這段話先解釋《論語》的內容，是孔子回答弟子、同時代其他人提問的紀錄，以及弟子從孔子那裡聽來的話語。為什麼稱「論」？那是因為孔子在世時，弟子各自記錄老師所說的話，等到老師去世了，大家將筆記集中過來，經討論才編定了這樣一本書。

比較這兩種不同說法，唸成四聲好像要比唸成二聲來得合理些。唸做二聲，《論語》是一本有條理、彰顯條理的書；但唸做四聲，《論語》書名就提醒我們，這是弟子們比對筆記，經過討論爭議才編出來的書。換句話說，這本書不是成於一手，無法有一個完整設計的結構，也不可能避免書中內容有互相衝突、矛盾的現象。

回歸《論語》書本內容，我們看到的的確是一條條短文接在一起形成的。把這本書看作「倫理、條理的語言」，意味著相信書中各條文詞的順序是經過特別設計，依循或為了顯示某種內在的秩序，使得傳統以來，很多讀書人花了大工夫去串聯解釋《論語》的結構。然而這樣的解釋，很容易就填塞了許多文本無法支撐的臆測，將後人的主觀想法強加在《論語》上，對我們今天理解《論語》，從《論語》中去探知孔子的人格與價值信念，往往非但沒有幫助，還製造了阻礙和混淆。

將「論」讀做「倫」，還有一個問題，是使我們傾向於將《論語》的內容視為原則、視為規範、視為真理，如此就喪失了《論語》本文中其實再明白、再鮮活不過的特性——這是對話的紀錄，這是討論過程中的切片，這裡明明存在著一種活活潑潑的人與人互動的現實精神。孔子當然說道理、談原則，但他說的方式，永遠都是「即事論理」，從來都不是抽象、空泛地說。所以，每一句話有其背景，有其不同的對象，因而我們也就不應該抽離了時代或現實的背景，忽略當下發生的事件，架空來讀《論語》。

《論語》和《左傳》完全不一樣。《左傳》有著嚴格的自覺結構秩序，了解《左傳》一定要先了解這份編年的結構秩序。《論語》卻是相對鬆散的筆記彙編，沒有經過強烈主觀的排比，也就不能強求硬解其中的文句順序，有什麼必然的道理。

用這種讀法，我們會有較大的空間，得出《論語》真正的價值——那就是透過《論語》看到一個活生生的偉大人格，既覺得和這樣的人格相親近，又衷心地為其偉大所感動、所折服。

聽孔子說話

孔子出生於西元前五五一年，去世於西元前四七九年。《論語》這本書也就應該是在孔子去世後不久，大約西元前五世紀前半葉時編成的。因此我們可以有把握地知道，這本書的內容反映了西元前第六世紀到第五世紀之交，春秋時期的事件與思想。排除掉一些雖然號稱高古、實則成書年代可疑的文獻，從時間上看，《論語》在中國傳統經典中排名非常前面。比《詩經》、《尚書》、《左傳》部分內容來得晚些，但又比這三本書裡面的部分內容，要來得早。

《論語》成書很早，而且成書之後很快就流傳開來，對於我們兩千多年後要認識孔子，真是件幸運的事。孔子是一個什麼樣的人，到了戰國時期，已經有了基本、不容任意竄改的面貌。《莊子》書中有借名孔子，明顯是捏造的故事，用來表示對於儒家的輕蔑嘲笑。然而，比對《莊子》的文章風格，我們可以很有把握將這些故事視為寓言，不會和真實存在過的孔子搞混。

像莊子這種論敵，其實相對無害。真正可怕的，往往是孔子、儒家的追隨者、崇拜者，為了抬高孔子的地位，而將部分他們認為不妥的內容刪除，或增添他們認為比較偉大、比較了不起的紀錄。早在秦漢之前，就有《禮記》

中的部分篇章和《易繫辭》這類文獻，塞了很多話進到孔子的嘴裡。文章中明確引用孔子之言，記錄孔子之行，但那樣的語言，絕不可能是孔子會說的；那樣的行為，絕不可能是孔子會做的。

我們怎麼知道？一方面可以透過春秋時期的相關文獻，考索出那個時代的語言、風習，找出後人竄入的破綻；另一方面，更重要的，可以用《論語》來當作基準，和《論語》用語、思想、價值不相符的，大概就不能盡信。

《論語》書中，少有竄亂的痕跡。這顯然是因為《論語》流傳得早、流傳得廣，在有人想對《論語》動手動腳之前，其主要內容已經深入人心固定下來了。換句話說，我們現在看到的這本書，大致保留了西元前第五世紀時編輯形成的原貌，成功抗拒了兩千多年的修改變亂。

《論語》不是一本大書，字數並不多，然而在有限的篇幅中，竟然多次出現「重文」，完全一樣的字句，這裡出現一次，那裡又出現一次。會有這種現象，最有可能就是當初輯錄時沒有注意到，不小心讓同樣內容多抄錄了一遍。這麼明顯的錯誤，照裡很容易會被發現，也很容易改正，卻到今天都還留在書中，一定是因為《論語》早早取得了崇高地位，阻卻了任何想要修改的作法。連這麼基本的錯誤都沒改，《論語》被重編增刪的機率，顯然不高。

還有，雖然經過上千年的解釋努力，《論語》的篇章次序究竟有什麼統一的安排，從來沒有得到可信的答案。看起來，《論語》真的就像是弟子們在第一時間將各人筆記聚集在一起，誰都無法壟斷編輯權力，因而保留了相對凌亂的面貌。這樣的凌亂反而讓我們放心——畢竟若是經過有意識的改動、偽造的話，首先會被改動的理應就是表面的凌亂，會被偽造的理應就是一套更明確的次序邏輯。

漢代之後，《論語》的流傳史上，出現過「魯論語」、「齊論語」、「古文論語」等不同家派，然而這幾家教授的《論語》本文，頂多只有幾百字的差異，且相異之處，多半是字句寫法，不影響內容意義。像《古文尚書》與《今文尚書》那種一差差了幾十篇，或像《春秋左傳》和《春秋公羊傳》解釋方向完全不同的現象，從來不曾發生在《論語》的教授流傳上。

今天通行的《論語》，稱為「張侯《論》」，是西漢末年安昌侯張禹綜合「魯」、「齊」兩家編定的版本。到了東漢靈帝時，「張侯《論》」的字句就刻在「熹平石經」上，徹底固定，不再變動。

如此，《論語》一方面讓我們讀來格外安心，不必像讀其他上古經典那樣謹慎提防中間有後來偽造、摻雜進去的內容；另一方面，卻也讓我們讀來格外不安，因為編撰者沒有給我們一套明確的次序邏輯，我們得自己進行排比來決定這些散亂對話文句，彼此之間有著什麼樣的關係。

學生的共同筆記

依照《漢書．藝文志》的說法，也符合在《論語》書中看到的內容特性，我們知道孔子的弟子們有做筆記的習慣。學生們做筆記，天經地義不是嗎？不，放到兩千多年前的東周環境裡，這是件難得、了不起的事。門人在老師去世後，立刻能集合筆記編成《論語》，先決條件是弟子們平常就寫字，就有以文字存留紀錄的習慣。

在一個絕大部分的人不懂文字，人與人之間主要靠語言而非文字來溝通的時代，孔子身邊聚攏了一群都懂文字、都嫻熟於運用文字的人。孔子最大的貢獻，就在將西周「王官學」傳統的貴族教育內容，拿來教給許多照出身身分來說不見得有資格受這種教育的弟子。這是「有教無類」在那個時代真正的意涵。

書寫原本是貴族教育的核心，在孔子手中獲得了擴大傳揚。結果產生了中國最早的私家著述。在《論語》之前的其他文字紀錄，都和「王官」有著直接的關係。《詩》、《書》、《春秋》都是以貴族教育內容的形式存在的，因為是重要的貴族教材，才用文字鄭重其事寫下來。《詩》和封建過程去到異地了解民情的「采風」有關，和貴族間的宴飲酬酢有關；《書》是朝廷官方文書的總匯；《春秋》則是史官依照職務立場所做的大事紀。

一直要到西元前第五世紀，孔子藉他的教育打破了原本對於書寫的壟斷限制，也才由他的弟子寫出了第一本非官方內容的《論語》。

說得再精確些，這是第一本用文字寫私人紀錄的書，卻還不是第一本由私人寫成的書。放在王官學傳統中看，《論語》有著曖昧的地位。一方面，書中記的既非天子亦非國君，而是甚至不具備世卿身分的人；但另一方面，孔子所言所行畢竟還是環繞著貴族教育的基本條目——如何做個「君子」，如何稱職有效地治理國家。換句話說，書的內容繼承延續了王官學傳統，但書中說話的聲音，卻出自一個不具備傳統王官發言身分的人。

從另一個角度看，《論語》並不是表達這些弟子私人意見的書，甚至不太能算是表達孔子私人意見的書。孔子強調自己「述而不作」不是隨便講講的，那代表了他深刻的內在信仰。那些以「子曰」開頭的每一句話，對孔子來說，都是他傳遞、頂多解釋周公以降的王官學理念，不是他自己推斷發明的主張。在這裡，又有一層「公」與「私」之間的曖昧。

師生關係的起點

從歷史上看，《論語》的開創性還不只於此。一項更革命性、更具突破性的特色，卻往往被忽略了，那就是《論語》呈現了一種在此之前不存在的人際關係——師生關係。

前面一再說《論語》由孔子的弟子、門人所記錄，但「弟子」、「門人」是什麼？這是孔子開創出來的一種新的人間角色。在孔子之前，我們找不到任何可靠的證據，證明有老師和學生這樣的相對關係存在。

傳統上尊稱孔子為「至聖先師」，「先師」的本意，就是「第一個老師」、「最早出現的老師」，而這樣的稱號，不同於「至聖」，是有明確歷史根據的，不是誇張浮泛的推崇。

在孔子之前，有教育，但沒有專職的老師。一直到春秋時期，都是貴族教育，貴族教育在貴族的系譜網絡中進行。前代的貴族將自己受過的訓練，不管是禮樂射御書數或詩書禮樂易春秋，傳給同屬貴族身分的下一代。這是封建體制的一環。貴族教育是封閉、壟斷的，內在於這套體制的人才能受教育，也是內在於這套體制的人才有辦法提供訓練傳承。

有資格教的人，教給有資格學的人，而這中間的資格，是以血緣身分來定義的。所以到了戰國的文獻中，我們都還能看到「父兄不能以移子弟」這樣的套語反覆出現，顯然是從過去普遍都由「父兄」教「子弟」的教育習慣而來的。

孔子和他所教的人，沒有血緣關係。孔子的許多學生，甚至在原本的封建秩序中，根本不具備可以接受這套貴族教育的合格身分。孔子開創的角色，事實上是破壞封建秩序的，或者換一個角度看，正是在封建秩序動搖的春秋時期，才給了孔子這樣一個空間，違背了舊體制規範，將原本封閉、壟斷的貴族教育內容，拿出來「有教無類」提供給更多的人。而這些無法從父兄親族紐帶中獲取教育訓練的人，跟隨孔子，成了他的「弟子」、「門人」。

《左傳》中有太多具體的事實，讓我們看到每個國的內部，都面臨「禮」遭到忽略、破壞的狀況。相應的，國與國之間的固定關係也動搖了，無法持續在原來的「禮」上正常地、和平地往來，於是就出現愈來愈多訴諸權謀、乃至武力壓迫的事件。那是一個之前未有的新興競爭局面。國內公子與公子競爭、大夫與大夫競爭，外面國與國也進行著愈來愈激烈的角力競爭。

競爭的勝負，很大一部分取決於人才。孔子給予弟子、門人的教育，用今天的話說，是教他們如何去當官。回到春秋的歷史情境，應該說是教他們如何在變動、混亂的環境中「有用」。新的變化創造了對於人才的需求，無法在原有的社會架構下得到滿足。要有能夠打仗的人才，但這時要應付的，不是過去單純貴族與貴族間有禮有節的射、御之戰，而是要能帶幾百個人布陣對壘。要有能夠進行外交折衝的人才，但這時要應付的，也不是和平的宴飲盟會，加強友好連結；常常是強弱有別的緊張談判，談判結果輕則增損幾座城，嚴重時甚至引來滅國的危機。

孔子是「聖之時者」，他比誰都更清楚看出時代的需求，在教育內容和教育對象上，進行了革命性的擴張，訓練這種可以在政治、外交、軍事場合發揮作用的人才。

雖然孔子以周公為偶像，雖然孔子夢想能夠回到周公建立的禮樂秩序，然而弔詭地，如果孔子的夢想真的達成了，回到周初的封建體系，那裡可是沒有孔子這種人的位子的。歷史上的孔子，是個大矛盾，他所做的事，實質違背、破壞周代的封建文化，但他所嚮往的，卻是回歸舊封建體制，一個取消他自己這種「老師」角色的環境。

孔子在世時就成其大名，一部分原因在他將貴族教育教給廣大弟子的革命性行為，另一部分更重要的原因，在於他教出來的弟子，真正「有用」，真正符合春秋時局的需要。從這一點看，孔子是最早的傑出人力資源專家，他看出了當時人力資源所需，也勇於突破窠臼，找到提供適切人力資源的辦法。

第二章 做爲老師的孔子

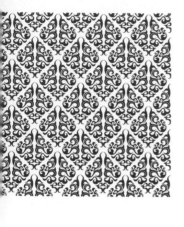

「先進於禮樂」的準備

讀《論語》，一定要記得孔子最特殊之處，就在他是個老師——最早的老師，很可能是那個時代獨一無二的老師；他一生最重要的身分，也就是老師，相應地，他一生最重要的事蹟，都跟老師這個身分有關，跟他的弟子們有關。

新鮮的師生關係引發的思考、遇到的問題，以及刺激出的人際變化，都記錄在《論語》裡。

《論語》沒有一套完整的編輯邏輯，因而讀《論語》時，我們不能不自己用心排比對照，試著探測出後面「一以貫之」的道理。不能或不願做這樣的探求的話，一條條零碎地讀，就算將《論語》每一條都背熟了，接受每一條的話語都是真理，我們仍然無法親近了解孔子。

換個方向看，只要我們閱讀時存留著一點排比對照的用心，表面上看來廣泛又零碎的內容，倒也很容易向我們顯現許多「一以貫之」的線索，到處都有線頭，只要我們拉住不輕忽、不放過，慢慢就能找出觸類旁通的一種意義架構來。

我們可以試著用〈先進篇〉的內容看看如何尋索理解孔子其人及其思想。

《論語．先進篇》第一章：「**子曰：『先進於禮樂，野人也；後進於禮樂，君子也。如用之，則吾從先進。』**」

因為來自門人弟子的隨時筆記，所以《論語》中的語詞不會有統一一貫不變的意思，必須看上下文仔細分辨。像是「君子／小人」或這裡的「君子／野人」對照，在不同上下文中脈絡裡，可以有很不一樣的指涉。

這裡用的是傳統的意思，「君子」與「野人」主要指身分上的差別。大夫以上稱之為「君子」，出身身分低於大夫的，就是「野人」，有時也稱作「小人」。「野人」是比「小人」更古的說法，原本是和「國人」對應的。「國」字原意指城牆圈圍的領域，「國人」因而就是住在城內的人。「野人」呢？那就是住在「野」，繞著城牆邊的區域，地位較低的人。

不過在《論語》裡，孔子明確地賦予了「君子／小人」不同卻相關的另一層意義。「君子」指有這種身分的人，也指擁有這種身分應有的修養與智慧的人。大夫以上的貴族應該受完整的貴族教育，給予他們特殊的知識與能力，並且形成理解並遵守封建禮儀的習慣，到了孔子的時代，尤其是孔子自己的積極作法，是將這套貴族教育普及給原本不具備貴族身分的人，於是「君子」的身分與人格、品德就分開了，相應地，孔子就將擁有那種人格、品德的人，也稱為「君子」。

身分與人格、品德分離，也就會產生另外一種現象——具備貴族身分，卻沒有貴族應有人格、品德的人。從身分上看應該是「君子」，但其所思所行卻是「小人」的人。《論語》中孔子有很多話，就是針對這種「失格」的人有感而發的。

〈先進篇〉第一章，孔子用的是傳統的「君子／野人」對比。孔子告訴我們，有兩種人，一種是在還沒有得到大夫以上的職位之前，就先學習禮樂；另一種是等到有了大夫以上的職位，有了身分責任上的需要，才去學習禮樂的。這樣簡單一句話，背後就顯現了封建秩序的脫節。依照原來的封建體制，「君子」就是「君子」，「野人」就是「野人」，由身分決定。是「君子」的，受貴族王官學教育；是「野人」的，就一定沒有機會受這套教育。這中間不牽涉主觀選擇的。

但到了春秋，有了選擇，才有不同選擇的結果。「野人」有可以選擇學習貴族禮樂的機會；「君子」也有了選擇在不同時間學習貴族禮樂的差別。還有，即使是生來為貴族身分的人，現在也不是必然就擔負一定的責任。有些人參與國政、外交，有些人則一輩子涼涼，掛著貴族的身分空名。

這個時代，舊貴族的態度是：等到有位子有職務時，再來好好學習相關知識、技能：和國君及其他卿士該用什麼禮儀相處，宴饗時聽到什麼音樂代表什麼意義，又該引用哪首詩來婉轉顯示自己的態度……然而有了一種新的人，新的現象——一些「野人」卻抱持積極的精神，主動學習禮樂，讓自己做好準備，當有需要時，他們就可以挺身而出，擔起國政、外交的責任來。

事實上，孔子主要的工作，就是提供「先進於禮樂」的準備。他的弟子們，也就是一群「先進於禮樂」的人，平日就在孔子的教導下，敬謹學好禮樂規範，隨時可以在國政、外交方面派上用場。所以孔子說：如果真的要用在政事上，那我主張用這種「先進」，已經做好自我準備的人。

被圍困的師生

《論語．先進篇》第二章：「子曰：『從我于陳、蔡者，皆不及門也。』」不知道孔子和弟子關係的人，對這短短一句話，無從讀起，然而放回到他們師生關係裡，這話可就意義深遠。

《史記．孔子世家》：「吳伐陳，楚救陳，軍於城父。聞孔子在陳、蔡之間，楚使人聘孔子，孔子將往拜禮。陳、蔡大夫謀曰：『孔子賢者，所刺譏皆中諸侯之疾，今者久留陳、蔡之間，諸大夫所設行皆非仲尼之意。今楚，大國也，來聘孔子，孔子用於楚，則陳、蔡用事大夫危矣。』乃相與發徒役圍孔子於野。不得行，絕糧，從者病，莫能興……於是使子貢至楚，楚昭王興師迎孔子，然後得免。」

這是春秋時期吳、楚兩個大國相爭中的一段插曲。吳國攻打陳國，陳國不敵，向楚國求援，楚國派了軍隊，駐守在「城父」。楚昭王聽說孔子及其弟子這時在陳、蔡之間，就派了使者要聘孔子到楚國幫忙，孔子聞訊打算前往楚國，至少要對人家的邀約回禮。然而此時基本上依附於楚國的陳、蔡兩國，對這件事大感不妙。掌政的陳、蔡大夫互相商量說：「孔子很厲害的，他對於各國國君的缺失看得很清楚，很容易說服國君。他在我們這裡停留很長一段時間，對我們做的事很了解，也很不同意。現在楚國來請孔子去，要是孔子在楚國獲得了權力，那我們這些人可就麻煩了。」所以他們就發動了服勞役的人（「徒役」）將孔子及其弟子圍困在城外（「野」）。孔子一行人拿這些流氓沒辦法，到後來食物吃完了餓肚子，弟子們都病倒了……還好，有最能幹的子貢趕到楚國去，把消息傳遞給楚昭王，楚昭王派正式的軍隊來，那些徒役當然立刻逃竄了，用這種方式，楚國將孔子迎接過去。

「絕糧」、「從者病，莫能興」、「然後得免」，這些字句都在告訴我們，這件事有多危急。陳、蔡大夫可不只是要為難孔子、給孔子一些教訓而已，他們真打算致孔子及其弟子於死地。要不是子貢及時引楚師來解圍，孔子和弟子就「不得免」，也就是都死在那裡了。

孔子周遊列國之後，回到了魯，有一天想起當年這段危難的往事，看看身邊，感慨地說：「唉呀，當時跟我一起在陳、蔡之間共患難，幾乎要同死的那些弟子們，現在都離開了啊！」

孔子周遊列國，不是為了自己要去觀光看風景。而是因為他培養了這麼一群「有用」的人才，他要帶著他們到各國去，推銷給各國的國君。因應新變局，各國都需要人才，孔子相信自己訓練出的弟子，通習禮儀，而且明白禮的根本精神，可以有所堅持，會比各國舊貴族大夫世卿做得更好。

這是歷史上的奇觀。一個老師，帶著一群弟子，一下到這裡，一下到那裡，要找能夠用他們，讓他們發揮所長的國君。可以想像，師生們日夕相處，而且這麼一大隊人的生活充滿不確定風險，下一站要往哪裡去，不知道；甚至能不能找到有權者資助下一頓飯，也不知道。在路上遇到了危難，他們就被困住了，到幾乎要餓死的絕境。這是一種極端的生活，也必然培養出集團間特殊、濃烈的共犯難革命情感。

周代社會原本是建立在親族關係基礎上的，也就是規範了人際親疏，由血緣遠近來決定。照道理，和你血緣愈近的，在你生命中就愈重要；你生命中的關鍵經驗，應該是發生在和這些血緣親近者之間。孔子卻不是如此。他生命中最關鍵、最值得存記的故事，都發生在師生之間，子路、顏淵、冉有、子貢……這些弟子跟他的關係，遠比兒子孔鯉要親近、重要太多了。

「皆不及門也」，這感慨的後面，一者是深刻的真情，曾經一起絕糧而產生的難以磨滅的生命烙印；二者是缺乏封建親族關係帶來的遺憾，正因為這些人是弟子，而不是傳統的親人，所以就算曾經如此同生共死，都還是會在時間消蝕下星散解離了。

有個性的人

這樣一個集團，若真的是能夠因應時弊，具備改革改造能力的話，也就注定不可能到處受歡迎，至少不可能受到各國原有的執政大夫們的歡迎。這群人走到一個國家，一定會先看到人家的問題、弊病。得到機會見了人家的國君，孔子會說什麼、要說什麼？說幾句奉承、讚美的話，貴國一切美好、值得羨慕嗎？當然不是。孔子說的，是貴國這裡出了毛病、那裡有潛在的危機，如果你有心讓國家變好，那麼針對這個毛病，我有弟子可以幫忙解決；針對那個危機，我也有弟子可以幫忙防止。我們會意外「陳、蔡用事大夫」用那麼極端的方式試圖阻止孔子去見楚王，告訴楚王他對陳、蔡國政的意見嗎？

就連當時的國君，對孔子及其集團，也抱持著矛盾的感覺。《論語》裡有許多國君向孔子問政，問這問那的紀錄；但問來問去，這些國君卻都不曾真正重用孔子，讓他有「道之不行」的感慨。為什麼會這樣？因為他們感覺孔子說的話，有道理，但他們也感覺到，要用孔子及其弟子，要推行孔子的主張，必定會在國內引來強大的反對反彈。

還有更複雜的一層。孔子這一大隊人馬，招搖而過，國君們不能用他們，卻又不免擔心他們為它國所用，協助它國來對付自己。一支擁有特殊政事能力的隊伍，對各國又構成了隱性、潛藏的危脅。

《論語．先進篇》第三章：「德行：顏淵、閔子騫、冉伯牛、仲弓。言語：宰我、子貢。政事：冉有、季路。文學：子游、子夏。」這一段話，在朱熹的《四書集注》中，是被接在前一章後面，當作是孔子對於「從我於陳、蔡者」的懷念點名。但仔細考索一下，孔子厄於陳、蔡時，冉有已經在季孫家服務，不可能相從，子游、子夏根本還未成年，也不太可能會在隊伍裡。

比較合理的讀法，是將這一章獨立出來，看到孔子弟子的不同專長本事，同時也就看到孔子教育的核心重點。

排在第一位，也是孔子心目中最重要的，畢竟還是「德行」，這是根本。然後第二項是既可以用在教育傳播上，更可以用在外交折衝上的「言語」，語言表達應對能力。這種能力最適合擔任當時的「相」，在國與國交往的盟會場合中，藉由對於禮儀的嫻熟，以及臨機運用言詞的本事，控制場面製造對己方有利的狀況。

第三項是「政事」，從冉有、季路（子路）被列在這項中，我們能比較精確地掌握，所謂「政事」主要指具體擔任國君、世卿、大夫之「家臣」的工作，從行政到軍事的安排與管理。

第四項則是「文學」，主要在於文獻的掌握、文字的運用，以及對於思想的整理、衍發。也就是有能力理解、發展舊「王官學」的內容。孔子很重視歷史文化的傳承，《論語》中曾記錄他感慨地說：「我對夏朝文化有一定的認識，但就連夏人後裔所在的杞國，都沒有足夠的文獻來驗證我的理解了；我對殷商的文化也有一定的認識，但就連商人後裔所在的宋國，都沒有足夠文獻來驗證我的理解了。」所以他會在教育中，特別強調訓練弟子在保存與發揚周文獻上的能力。我們看後來的記載，孔子死後，儒家分成好幾派，其中子游、子夏都各傳了強大的派別，他們在編撰《論語》一書的工作上，也都有著重要角色，就清楚說明了「文學」的意義。

孔子有很多弟子，但他提供的絕對不是統一的教材、固定的課堂、同樣的教法，當然更不可能有大家一體適用的考試評分標準。我們不是只靠這一條的分類，知道孔子弟子從孔子那裡學到了不同的能力本事，更重要的，是遍布在《論語》書中提到許多弟子，每一個都有自己鮮活的個性。而且顯然，不管是孔子或留下第一手筆記的弟子，都覺得保存、發揮弟子個性，是理所當然的。

這才叫做教學相長

《論語．先進篇》第四章：「**子曰：『回也，非助我者也，於吾言無所不說。』**」一個很有特色，有突出個性的弟子，是顏回。這句話，聽起來像抱怨：「顏回，不是個可以對我有所幫助的弟子，因為我說的話，他沒有不高高興興聽進去的。」但實際上，當然帶有稱讚之意。

不過，首先我們看到了孔子對一個老師身分的定位。什麼是老師？我們今天都理所當然認為是懂得比學生多、有比學生高的地位與權威，因而可以教學生、管學生的人。但顯然「先師」孔子不是這樣想的。孔子念茲在茲的，是做老師的人，要從和學生的互動中，尤其是從學生對他所說所教內容的疑問、甚至反駁，來不斷精進自己。老師當然應該對學生有所幫助，但師生之間若只有老師幫助、影響學生的單向關係，缺乏了另一個方向的作用——學生倒過來影響、幫助老師，那也就不是孔子心目中最好的情況。

在這樣的價值概念下，才會有顏回什麼都高高興興聽進去，卻招來老師「非助我者」的抱怨這種事。孔子是真的將「教學相長」當一回事的。《論語》中記錄了很多弟子之「問」，一種問是反反覆覆將不了解的部分向老師追問，不輕易放過，如此逼得老師必須解釋得更詳密、更完整，事實上也就讓老師在回答過程中想得更詳密、更完整。另外還有一種問，是質疑老師所說的話或所做的行為，孔子大弟子子路，常常帶著脾氣問老師：你這樣說太迂腐了吧！你這樣做違背自己的原則吧！這種問，使得孔子不得不檢討自己是否有言行不一或前後不一的毛病。這才是孔子認為的「助我者」。

孔子絕對不是一位權威的老師。《論語》裡他甚至會被弟子氣得說出詛咒的話。最有名的故事，是孔子到衛國，去見了當時衛國國君衛靈公的寵妾，大美女「南子」。見過「南子」回來，子路就給老師擺了個臭臉，擺明了指責老師要嘛是受到「南子」的美色誘惑，要嘛就是想要藉「南子」去影響衛靈公，不管是出於哪一項動機，都違背了孔子自己教導的原則。孔子試著跟子路解釋，這不過就是到了人家地盤上的禮貌拜會而已，但顯然怎麼說都說不通，孔子急了，竟然就冒出「天厭之！天厭之！」的話來。轉成白話，這最接近：「如果我真的像你說的那樣，那就天打雷劈打死我好了！」這是賭氣詛咒之言，不可能出自一個高高在上的權威者之口吧！

不過，孔子對於顏回的抱怨，不是真正的抱怨。因為他話裡的下半句，用到了「說」字，這就是今天的「悅」字，指的是發自內心的高興、喜悅之情。

「悅」、「樂」，是《論語》中的關鍵字，更是關鍵概念。《論語》全書第一章：「**子曰：『學而時習之，不亦說乎？有朋自遠方來，不亦**

樂乎？人不知而不慍，不亦君子乎？』」幾乎每個人都讀過都背過的這段話，通篇講的，就都是「悅」和「樂」。

對於學習的知識或技能，不斷地予以精進練習，豈不是件令人感到愉悅的事？有朋友從大老遠來相會，豈不是件快樂的事嗎？第三句話：自己身上擁有的能力、好處，別人看不出來、無法理解，你也不覺得生氣怨怒，豈不是真正君子嗎？表面上這一句沒有用「悅」或「樂」字，但仔細想就知道，其實說的，還是「悅」和「樂」。

什麼樣的人，可以不在意人家知不知道、認可不認可他的學問、他的能力？那種為了自己，而不是為了別人、為了炫耀而追求學問、累積能力的人。也就是後來荀子說的：「君子之學」是「為己之學」。「小人之學」是為了追求外在名聲或利益而學，將「學」當作換來名利的工具；「君子之學」不然，「學」本身是目的，不是手段，「學」能給君子帶來的，「學」最吸引君子的地方，是學習過程所帶來的快樂。正因為在學習精進中已經獲得了報償，所以君子不會計較別人知不知，對這件事不會生氣、沒有怨懟。

真正的好學

〈學而篇〉另外有一段：「子貢曰：『貧而無諂，富而無驕，何如？』子曰：『可也；未若貧而樂，富而好禮者也。』子貢曰：『詩云：「如切如磋，如琢如磨」，其斯之謂與？』子曰：『賜也，始可與言詩已矣，告諸往而知來者。』」

子貢的長項是「言語」，是個會說話的人。在這裡，他就巧妙地以問題的形式，來表現自己對於老師教誨的掌握。他問：「窮卻不覺得自己低下，不會去諂媚有錢有勢的人；有錢了卻不會變得驕傲自大；這樣的人怎麼樣呢？」子貢八成認為這樣說，表現自己對於處事智慧的了解，也表現了自己在生活實踐上的信念，應該會得到老師的讚賞。然而，孔子能當老師，正就在隨時能按照學生的性格給予提點提升，孔子回答：「做得到這樣，已經算不錯了，但還不是最好。更好是貧窮讓一個人物質上短少，卻不會奪走他生活中的快樂；有了錢不只不驕傲不自大，還能一直維持著對於禮儀規矩的真誠喜好。」

子貢說的，是不因貧富而改變外表的行為；孔子要他進一步追求的，是不因貧富而改變自我內在的感受。「貧而無諂」，不是勉強自己在有錢有勢的人面前表現骨氣，而是因為內心是富有的，有著從「學」、從「習」、從自我實踐、從朋友相處得來的樂趣，本來就不感到自己有什麼匱乏，那樣怎麼會覺得需要諂媚別人呢？富貴了，也不是出於天天告誡自己「不可驕傲，不可自大」，所以努力做一個不驕傲、不自大的人，而是發自內心對於禮儀所規範的人與人相處方式，自尊並尊重別人，有著不變的喜好，當然就絕不可能被財富影響而改變對待別人的方式。

真的，孔子的境界，高於子貢，因為他從內在的喜悅真誠出發。子貢領悟了，感慨讚嘆地說：「《詩經．淇奧篇》中有『如切如磋，如琢如磨』的句子，形容如何將一塊璞玉經過愈來愈細緻的加工，讓它變得更好更美，指的應該就是像老師這樣的教誨吧！」意思是人的行為品德，如冶玉一般，總還有可以不斷精進的更高更美境界。孔子很高興，表示子貢既了解了老師所說的道理，在層次上和子貢所說的，很不一樣，而且子貢還能引用《詩》的內容來互相發明，所以這時不吝惜地稱讚他了：「賜啊，我可以開始跟你討論《詩》的內容了，你已經掌握到讀《詩》、解《詩》最重要的方法——從這件事能夠聯想推演到另一件相關的事上。」

同樣〈學而篇〉中，還有一章：「**子曰：『君子食無求飽，居無求安，敏於事而慎於言，就有道而正焉，可謂好學也已。』**」在孔子眼中，什麼樣的人可以稱做「好學」呢？至少其中一項條件是「食無求飽，居無求安」。這不是主張、提倡苦行，更不是像佛教那樣認為人必須滅絕慾望才能求道精進，而是真正「好學」的人，能夠從「學」之中得到充份喜悅滿足，自然就不會花力氣去追求一般吃飯睡覺的享受。換句話說，那種覺得吃飯睡覺感官享受誘惑更大，只是勉強自己克制慾望來「學」的人，算不上真正的「好學」者。

所以顏淵為什麼「非助我者也」？孔子不是稱讚他「於吾言無所不從」，而是「於吾言無所不說」，表示不管孔子說什麼，顏淵都能夠立即理會掌握，而且衷心相信這份道理，也就必然讓這份道理內化成為自己的處世原則。一方面看，這樣的學生像海綿一樣，把老師的智慧不斷吸收進去，沒有給老師阻力、挑戰，提供不了教學上的刺激；但從另一方面看，不也給老師帶來最大的欣慰、最深的滿足成就感嗎？

顏淵是個真正的「好學」者，〈雍也篇〉中有：「**子曰：『賢哉，回也！一簞食一瓢飲，在陋巷，人也不堪其憂，回也不改其樂。賢哉，回也！』**」所以「一簞食一瓢飲」，過著最簡單的生活，別人忍受不了那樣的困苦，「回也不改其樂」，因為他擁有太豐富的內在生活享受，以至於不可能覺得「食飽」、「居安」有那麼重要，值得去追求爭取。

北宋儒學復興，張載教程灝、程頤兩兄弟，一項教法就是要他們去整理、思考「孔子、顏回之所以樂」，的確，要深入了解孔子，這是個極佳的角度。

第三章

孔子不是真理發言機

不是整天講道理

讀《論語》，我們得隨時記得孔子不是個「真理發言機」，整天專注在講一堆很有道理的話。孔子有他的生活，尤其是和學生密切互動的生活；他有活在那個時代的種種困擾與痛苦；更重要的，他胸中有著強烈的情緒、豐沛的感受。

把孔子當「真理發言機」，將《論語》中記錄的每一句話從現實與感情脈絡中抽離出來，單獨來看，是無法真切了解孔子，更無法充分學習孔子智慧的。光從表面看，〈先進篇〉第四章的那句話，是孔子指責顏淵的。然而其內在傳遞的訊息，毋寧更接近老師給這個弟子一種帶著撒嬌意味的讚美。唉呀，怎麼會有這種學生，一下子把我教的都吸收光了，叫我到哪裡生出那麼多道理繼續教他呢？類似像這樣的口氣與訊息，有很難理解嗎？

《論語・先進篇》第五章：「**子曰：『孝哉閔子騫，人不問於其父母昆弟之言。』**」孔子的教育中，「孝」很重要，後世還出現假藉孔子名義集成的《孝經》，漢朝以降，成為中國社會的核心道德範本。不過實際上，《論語》裡孔子對於「孝」的講究與解釋，都很平實，絕對沒有《孝經》中那種將「孝」無限上綱，要將社會建立在一套兒子無條件遵從老子的片面規範上的傾向。

孔子重視「孝」，因為他活在愈來愈亂的春秋亂世，他看到的眾多人間痛苦，都和原本維持了幾百年的西周封建秩序遭到破壞、瓦解有關。封建秩序是以親族人倫的擴張來做為社會人際互動準繩的。對孔子而言，要「撥亂反正」，就應該收拾恢復封建秩序，而收拾恢復封建秩序最基本的第一步，則是在人倫宗族關係上，該是什麼角色就有怎樣的行為，做兒子的能「孝」，做臣子的能「忠」，當然大有幫助。不過我們也別忘了，孔子從來不是片面要求兒子、臣子，他同時也要求做老子要像個老子，做君王的要像個君王，關係是相對的，行為要求也就必然是相對的。

孔子稱讚他的弟子閔子騫，真是個孝子。怎樣得來的判斷呢？「不間」指的是沒有縫隙，對於閔子騫的父母兄弟所說的話，別人找不出縫隙來。孔子是從他的家人所說的話裡判斷出來的。讓我們想想、猜猜，如果去問你的家人，你是個什麼樣的人，有什麼優點有什麼缺點，平常如何過生活，在家裡有著怎樣的行為習慣，你的家人會如何回答？

不外兩種。一種是出於愛你的私心，所以會幫你掩飾缺點、誇大優點，希望在別人心中建立比真實的你，更好更高尚點的形象。另一種剛好相反，正因為每天近距離、甚至無距離地看你，所以他們眼中的你，失去了距離所帶來的尊敬，會格外凸顯你的日常壞習慣或壞脾氣，這也就是台灣人說的

「近廟欺神」，或西諺說「僕役眼中無英雄」的意思。

閔子騫怎麼個「孝」法？他在家中的所作所為，沒有什麼是不可以拿到外面講的。不需要父母家人在外面幫他掩飾、美化，也經得起父母家人近接相處的檢視考驗。為什麼這樣是「孝」？這必須歸結到孔子對於言語應該符合事實的堅持，閔子騫讓他的父母可以免於說出和事實有差距的話，讓父母家人能夠安心忠於事實說話，不會有內在的緊張衝突，這是一種深刻的孝道實踐。

判斷人才的方法

往下讀〈先進篇〉第六章之前，讓我們先讀一下〈公冶長篇〉中的選文。〈公冶長篇〉第一章：「**子謂公冶長：『可妻也，雖在縲絏之中，非其罪也。』以其子妻之。**」孔子評論弟子公冶長，說：「這個人是可以嫁的。雖然他目前在牢獄之中，卻不是因為他的過錯啊！」於是孔子就真的將女兒嫁給了公冶長。

沒有其他的補充資料讓我們明瞭公冶長怎麼會自己沒有犯錯，卻陷入「縲絏之中」，我們只知道孔子竟然決定將女兒嫁給他，來彰顯對他的高度肯定。接下來，又有一章相關的：「**子謂南容：『邦有道，不廢；邦無道，免於刑戮。』以其兄之子妻之。**」孔子稱讚另一位弟子南容（南宮適），說他：「國家政治清明時，他總能發揮所長有所貢獻，國家局勢昏亂時，他又有辦法免於遭到刑罰殺戮。」於是就將哥哥的女兒嫁給南容。

《論語．先進篇》第六章中則說：「**南容三復白圭，孔子以其兄之子妻之。**」這是同一件事分在兩個地方說。這裡解釋孔子將姪女嫁給南容的理由，是他「三復白圭」。「白圭」指的是《詩經．大雅．抑》中的句子，「白圭之玷，尚可磨也；斯言之玷，不可為也。」「圭」是一種玉器，白圭上面出現了污點，還可以將之磨掉；但要是人說的話有了污點，那就沒有任何方法可以去除了。「三復」指的是南容對這段話反覆致意，奉為座右銘。

孔子看重的，是南容這種謹慎小心的處世哲學，以嚴謹態度對待從自己口中所說出的話，也正因為南容不隨便說話、小心不說錯話，才能做得到「邦有道，不廢；邦無道，免於刑戮。」如此人格特質，在那個亂世既稀奇又有用，可以放心將姪女託付給他。

春秋時勢產生的另一項影響，是使得「識人」變成一件愈來愈重要的事。以前，身分是人與人發生關係的主要依據，現在身分不再可靠了，關係也就不再固定、穩定，於是像嫁娶聯姻這種事，都有了更多更複雜的選擇。怎樣選才不至於給家庭、家人帶來災禍，最好還能提供安全保護，那就得要懂得如何「識人」：如何從行為思想細節中由小見大；如何分析一個人的個性，以及預測這樣的個性在現實環境裡會得到怎樣的待遇，又會有怎樣的遭遇。

《論語》中顯現孔子在「識人」一事上卓有洞見，也記錄了他許多「識人」上的智慧。《論語・雍也篇》開篇第一章是：「**子曰：『雍也，可使南面。』**」孔子說他的弟子冉雍（仲弓）是可以治民當領導的。為什麼這樣評斷？下一章提供了部分的解釋：「**仲弓問子桑伯子。子曰：『可也，簡。』仲弓曰：『居敬而行簡，以臨其民，不亦可乎？居簡而行簡，**

無乃大簡乎？』子曰：『雍之言然。』」

這段對話很有意思。冉雍問老師對於子桑伯子這個人的看法，孔子回答：「他不錯，具備『簡』的長處。」意思是這個人單純不複雜、不造作。可是學生有不太一樣的想法，冉雍說：「如果是在私人生活上敬謹小心，外在行為則單純不造作，這樣來治理人民，應該很適當吧！但若是外在行為單純不造作，私人生活上也『簡』，這樣會不會太草率了些呢？」孔子聽了，表示贊成：「你說得對。」

這是師生就「識人」一事交換意見，而且顯然學生的意見還高於老師的，沒有因為孔子是老師，冉雍就保留自己和老師不一樣的看法不說出來；更沒有因為冉雍是學生，所以孔子就一定要糾正、教導他。孔子的反應就只是贊成、同意：「你說的對。」

孔子用「簡」字總結對子桑伯子的認識，冉雍則更細膩地分別了「內」

與「外」兩種不同「簡」。對別人單純不造作，人家和他交往不傷腦筋，也不會隨便擾民，這種外在的「簡」，當然是長處。但若是自己居家生活上也很「簡」，那就變成了粗枝大葉、「差不多先生」了，不會是值得鼓勵的性格，所以冉雍說：「無乃大簡乎？」

朱熹的《四書集注》將這段師生對話，和前面的「雍也，可使南面」連接成為一章。認為這段對話，就是老師認定冉雍可以治民領導的理由。換句話說，孔子透過冉雍對子桑伯子的觀察評價方式，觀察評價了冉雍。冉雍能夠看得出來最好的行事風格，應該是對自己敬謹嚴格，卻以寬大簡單的態度「以臨其民」，懂得這番道理的人，當然有資格治理人民當首長了。

這種在「識人」上的強調，到了漢朝逐漸轉成了「相人術」，把對於人的理解，從行為觀察轉成了外表相貌觀察，更將原先對於人精神層次的分析理解，表面化為對於命運未來的偵測，這是中國文化思想史上的一大轉折。

從漢末到魏晉南北朝，此風再度一轉，劉劭的《人物志》、劉義慶的《世說新語》，提供了新的關於「名士」人格的描述討論觀點，產生了另外一大變化。

過分與不過分的哀傷

《論語．先進篇》第七章：「季康子問：『弟子孰為好學？』孔子對曰：『有顏回者好學，不幸短命死矣，今也則亡。』」類似的話，也出現在〈雍也篇〉中：「哀公問曰：『弟子孰為好學？』孔子對曰：『有顏回者好學，不遷怒，不貳過。不幸短命死矣，今也則亡，未聞

好學者也。』」

一次是魯國國君問，一次是實際掌管魯國國政的世卿大夫問，顯然有要孔子推薦弟子從政為佐的意思。但兩次，孔子都舉已經去世的顏回作答。其中凸顯了魯哀公、季康子所說的「好學」，和作為孔子核心價值的「好學」，有著巨大差距。

魯哀公、季康子想的「好學」，是很努力學習知識、技能，能夠學得好的人。孔子心目中的「好學」，我們前面說過了，卻是真心熱情向學，以「學」為目的，而非抱持要拿所學去做什麼、去換什麼的人。

以魯哀公、季康子的定義，那麼孔子門下，多的是「好學」，努力學又學得好的人。「**德行：顏淵、閔子騫、冉伯牛、仲弓。言語：宰我、子貢。政事：冉有、季路。文學：子游、子夏。**」這些人，每一個都有「好學」的心態與成就吧！但孔子不這麼看，在他以內心真情真樂為標準的衡量下，除了顏淵，沒有一個弟子符合這超高標準的。所以，兩次，他都斬金截鐵的說：「今也則亡。」現在沒有了。

正因為顏淵從來沒有從政，從來沒有任何事功，早早就去世了，所以他的學習動機最特殊、最純粹。別人「自奉束脩以上」，為了都是要從孔子那裡學到可以在現實中運用的本事，在他們之中，顏淵是個怪胎，他重視、關心的都不是什麼可以謀事的技能，而是能夠帶來真誠快樂的德行領悟。他的「學」，沒有摻雜任何功利考量算計。

顏淵顯現、乃至示範了孔子之教的根本弔詭精神。孔子之教，在那個時代是有用的，可以培養治理脫序社會所需的人才，但孔子的原意，卻絕對不是為用而教。依照他自己的看法，這套學問之所以有用，正因為回復「周禮」，回到人之所以為人，以人為本，以倫理為基礎的封建禮儀精神，因此有用。弔詭之處就在：孔子之教強調不功利、不現實，不是為了有用而設計、進行的，結果，回到人本扎根的「無用之學」，反而有用。

突出顏淵，也就是突出孔子之教的「無用」，清楚區別出這套教育不是技術技能，所以在技術技能上更強更顯眼的子路、子貢、冉有、宰我等人，反而不像顏淵那麼具代表性。

掌握、發揮孔子核心價值上，顏淵最為純粹，而且他又以三十一歲英年早逝，更讓孔子感到遺憾、心痛。〈先進篇〉的第九章：「**顏淵死，子曰：『噫！天喪予！天喪予！』**」這是「窮極呼天」，極其情緒性的語言。顏淵死了，孔子只能用這種方式發洩自己的痛苦：「啊！老天，你要我的命啊！」話裡充滿了對天、對命運的強烈憤怒，意思是：為什麼要這樣對我？老天你乾脆把我也殺了算了！

這年，孔子七十一歲，但這老人家心中仍然有多大的熱情，尤其是對弟子。下一章又記錄：「**顏淵死，子哭之慟。從者曰：『子慟矣！』曰：**

『有慟乎？非夫人之為慟而誰為？』」這裡的關鍵字是「慟」，「慟，哀過也。」遇到了不幸的事，表現過度的哀傷難過，稱之為「慟」。「過」指的是超過了禮儀所規範的。周代「禮」存在的意義，就在節制人的自然慾望與衝動，讓人離開動物本能，這樣才成其為「人」。孔子教育的最大宗，就是「禮」，而且他反覆強調該教該學的，不是複雜瑣碎的禮儀規條，而是徹底理解、掌握，進而內化「禮」的精神。

古代的「禮」中，喪葬之禮非常重要。「喪」和「葬」雖然都是處理死別的，然而在「禮」的原則上，其實有不一樣的偏倚。「喪」處理的，是死亡乍臨的情況，重點在於「節哀」或「制哀」。喪禮有很多繁複的程序，和死者關係愈親近的，有愈多事要做。幹嘛這樣設計？親人死了，當然無法維持正常生活。親人死了還能若無其事保持一般作息，那也太冷酷太無情了吧？但另一頭的極端，是把所有事都放下來，讓哀傷淹滿人的生活，那也是很可怕很不健康的情況。所以有喪禮中各式各樣簡單反覆的儀節，使得生者可以保持一直有事做，藉這種方式控制情緒，慢慢從哀傷難過中恢復。

葬禮則代表死者正式離開我們的生活，代表生者要回歸正常日常作息了。此時所需的，是一種保留記憶的提醒，讓生者可以不忘，經常想起和死者間的關係，也就是反覆回到親族關係中確認自己的位置，不至於因為親人不在而遺忘、改變。

沒有人比孔子更明白這套道理，沒有人比孔子更明白、更強調「禮」的節制作用了。顏淵死了，孔子卻「哭之慟」，重點不在哭得很厲害，而在哭到逾越了禮節規範。「從者」，他的門人弟子們，這些接受孔子「禮」之教的人，看到老師這樣，一方面很驚訝，另一方面也想要予以安慰，就勸孔子：「老師難過成這樣，已經失禮了。」孔子的反應呢？「我有哭得太過頭了嗎？不為這種人哭得過頭，要為誰呢？」

門人弟子提醒老師，已經哭得「違禮」了，做了你教我們不能做、不該做的事。結果呢？做老師的仍然是情緒性的反應，既挫折又生氣地反問：「這樣叫做過分嗎？」然後進一步就耍賴：「不為這種人過分，要為誰過分呢？」這不是道理的語言，而是感情、情緒的語言，也是和後世孔子形象很不相符的語言，因而到後來經常被解釋得面目全非的語言。

《左傳》、《禮記》中有關於子路之死的紀錄。使者來告，孔子急著在庭中就接見了使者，聽了消息，甚至沒有進到屋裡，就失禮大哭，弟子來勸，孔子也是不理。有知道子路被殺消息的人，趕來探望慰問孔子，作為長輩的孔子，竟然又違禮對人家「拜之」，好不容易心情稍稍平靜下來，才有辦法在屋裡向使者詢問細節，聽使者說子路被砍成了肉醬，孔子就從此再也不吃肉醬。

一生習禮，年紀輕輕就以「知禮」而聞名，然後又花幾十年時間教禮的人，卻公然在門人弟子面前違禮，我們由此看出孔子的真性情，更看出他和弟子之間的濃厚感情。

老師也是很矛盾

《論語．先進篇》第八章：「**顏淵死，顏路請子之車以為之椁。子曰：『才不才，亦各言其子也。鯉也死，有棺而無椁。吾不徒行以為之椁。以吾從大夫之後，不可徒行也。』**」

顏路是顏淵的父親，也是孔子的弟子。顏淵小孔子四十歲，顏路小孔子十多歲。「椁」就是「槨」，內棺外椁，裝著棺材一起埋進墓穴裡的叫做

「椁」。這裡講的是關於顏淵葬禮的安排。顏路請求用孔子的車裝顏淵的棺材下葬。孔子沒有答應，他說：「雖然才能相差甚大，你有你的兒子，我也有我的兒子。我的兒子孔鯉去世下葬時，只有棺沒有椁，如果把我的車給他當椁陪葬，我就得步行走路了，因為我也算有大夫的身分（「從大夫之後」，意思是跟在大夫行列之後，是謙虛的說法），按照禮儀，出門不能沒有車自己走路的。」

孔子的兒子孔鯉也比孔子早死，比顏淵還早兩年去世。但很顯然，孔鯉在孔子心目中的地位，遠不及顏淵，甚至也不及許多其他弟子。遍尋文獻，都找不到孔鯉死時，孔子如何反應的紀錄。在這裡，孔子也還是先說：「才不才」，表明了在才能上，孔鯉無法跟顏淵相提並論，不過既然對自己的兒子都沒有如此厚葬，也就不可能將車子提供給顏淵當作外椁。

我們要繼續看下一章，才更能充分掌握這件事的真義。下一章：「**顏**

回也視予猶父也，予不得視猶子也。非我也，夫二三子也。』」顏淵死了之後，孔子的門人，包括顏淵的父親顏路在內，要將他「厚葬」，指的不只是給他鋪張的葬禮，更重要的，是給他超過禮儀身分上應有的葬禮。孔子反對這樣的做法。然而，門人還是將顏淵「厚葬」了。孔子很傷心，他說：「顏淵視我如父親，但我卻無法將他當作兒子。這樣的事不是我決定的，是你們那幾個人啊！」

《墨子》、墨家對儒家最大的批評之一，就是儒家主張「厚葬」。但從這一條紀錄裡我們看得很清楚，孔子主張的，絕對不是「厚葬」，而是能夠區別身分，依照身分安排的適當葬禮。就連對他最欣賞、最疼惜的弟子，孔子可以在感情反應上為了顏淵、子路而違禮，都不會同意給他們超過身分的葬禮。

因為那樣不只違背葬禮的規範，還違背了葬禮的精神。前面說過，葬禮、祭禮的重點在於記憶，如實如分地記錄這個人在世時與其他人之間的關係，用關係網絡的位置把他活過、存在過這件事保留下來。僭越的葬禮，讓死者失去了網絡中的事實位置，也就等於破壞了他活著的真正意義。明明不是大夫，卻用大夫之禮下葬，把死者挪移到一個不對的位置上，這樣的葬禮就無法發揮保留關係記憶的功能。

回頭看，我們就知道，上一條中和顏路的對話，孔子說的重點，絕對不在馬車。依身分不能走路，沒了馬車會失身分，這是明顯的藉口。重點一在身分：孔子要用這種方式提醒顏路，什麼身分的人做什麼樣的事。重點二在提到孔鯉，我們都愛自己的兒子，但我就沒有用逾禮的方式厚葬我的兒子；就算我愛你的兒子可能更甚於愛自己的兒子，我都還是無法同意用逾禮的方式厚葬顏淵。

但孔子畢竟不是顏淵的父親，只是老師，在封建身分制上，沒有老師這個身分。在顏淵葬禮一事上，畢竟還是由父親顏路來決定，孔子也無法逾禮去決定、去主持顏淵的葬禮。他心痛給了顏淵這樣不符合禮的厚葬，用與這件事劃清界線來表達他的心痛。

這裡我們又再次看到了孔子的內在、深刻矛盾，以一個不在封建秩序內的身分，來主張社會應該回到封建秩序，依照身分制來安排人際關係。他追求的目標，恰恰是要質疑、反對自己的角色的啊！

多面向的人

傳統上因為尊崇《論語》，所以將書中內容視為孔子經過深思熟慮表達出來的普遍真理，其實是經不起文本考究的。這本書分明是在很長的時間中，由孔子身邊的人，一點一點、一條一條快速抄記下來的，孔子不是因為要讓他們抄記所以做這些事說這些話，門人們當下抄記，也不是抱持一種「以為後世法」、「以為天下法」的目的，因而與其把這些話語當作現成的真理，一句句背誦實行，還不如還原其本色本性，從這些片段卻真實、因片段而真實的紀錄中，看到兩千多年前活過的一個精采的人，他有些關於人如何活著、如何活得豐富精采的意見，是我們自己想不出來的，至今仍能給我們帶來思想與感受上的刺激。

用這種方式讀《論語》，比傳統讀法辛苦，卻也比傳統讀法有趣。辛苦，因為閱讀過程中我們必須設法還原、理解做為一個人的孔子，不能只是被動地接受他說了什麼。我們需要蒐集相關材料，把孔子的言與行盡量放回具體的歷史情境中；我們更需動員對於心理、感情、邏輯的知識，用來解釋孔子。如此，我們得到的，就不是一堆冷冰冰的抽象道理，教你這樣教你那樣，而是熱呼呼從內心裡經過掙扎經過人格與處境考驗，產生的多層次、並有轉折變化的故事。

光是將《論語》中和子路、子貢兩位弟子相關的材料整理出來，就很有意思。相較之下，孔子對於顏淵的看法及感情，是最統一的。子路經常反對老師，老師也經常受不了他的暴烈脾氣；子貢聰明絕頂，又會說話，但老師有時候就覺得他聰明會說話到了奸巧的地步。孔子面對子路說的話，和他有意識對其他弟子講起子路，或他無意識不小心讓其他弟子聽到批評子路的話，都有不同，更不要說孔子和外人談起子路的說法了。他對子貢也如此。

該想辦法把這些差異都找到方法來圓滿解釋，說服大家：其實並沒有真正的差異？還是要由這些內容得到對孔子表裡不一，見人說人話、見鬼說鬼話的負面印象？前者是傳統的作法，作了一、兩千年；後者是現代反傳統的看法，在大陸「批林批孔」運動中推到了最高峰。我寧可採取一種中間的，也因而更接近人性人情的態度，從這些材料中看出子路、子貢都是真實、多面向的人物，當然，孔子本身也是真實、多面向的，真實的人必定是多面向的，也只有多面向的材料才能提供我們來還原真實的人。因此我們珍惜《論語》的形式及其中記錄的內容。

《論語．先進篇》第十五章：「**子曰：『由之瑟奚為於丘之門？』門人不敬子路。子曰：『由也升堂矣，未入於室也。』**」孔子聽到子路在彈瑟，聽了很不爽，就隨口批評他：「在我的門下怎麼會有人彈這種曲子呢？」就像一個教聲樂的老師，聽到學生竟然在唱周杰倫的歌一樣，不高興地表示：這可不是我教的、我教你的本事可不是讓你拿來這樣用的。旁邊的門人弟子聽到老師這樣說子路，話就傳開了：「啊，老師罵大師兄沒有資格當他的學生！」因此他們就沒那麼尊敬子路了。孔子知道了這件事，就特別替子路解釋，同時也指責那些現實、改變態度的弟子：「子路像是一個已經進到客廳裡來的人，只是還沒再進臥室而已。」子路已經很好很厲害了，所以老師才會用比較高的標準要求、評斷他；同時意味著：你們那些根本還沒資格進到客廳，甚至連大門台階都走不上來或根本就在院子邊的人，憑什麼看不起子路、不尊敬子路啊！

再看《論語·先進篇》第二十四章：「**季子然問：『仲由、冉求可謂大臣與？』子曰：『吾以子為異之問，曾由與求之問。所謂大臣者，以道事君，不可則止。今由與求也，可謂具臣矣。』曰：『然則從之**

者與？』子曰：『弒父與君，亦不從也。』」

掌握魯國國政的季氏問孔子：「你的兩個弟子，仲由和冉求，能夠算得上是『大臣』嗎？」仲由就是子路，他這時候和冉有（求）都在季氏家服務。聽季氏此問，孔子帶點脾氣地回應（《論語》紀錄裡用「子曰」，而非更禮貌的「對曰」）：「我還以為你要問些別的重要的事，原來只是問仲由和冉求啊！所謂『大臣』，指的是信守原則來對待國君，如果國君所作所為違背了他的原則，就辭職不幹了。子路和冉求，哪裡稱得上是『大臣』，他們只是『具臣』，有本事、以本事來服務上級的人而已。」

因為聽孔子說「大臣」是「不可則止」，季氏就多問一句：「那麼子路、冉有他們這種『具臣』，既然不是『大臣』，那就該會服從上級的指揮了？」孔子更不高興了，回答說：「他們雖然沒有像『大臣』那麼有原則，但要指揮他們去殺父親、殺國君，他們也還是不會服從的。」

孔子自己才是「以道事君，不可則止」的「大臣」，但也因為這樣，季氏不想用、不敢用孔子。他們要的，是有能力卻沒那麼多原則，沒那麼大脾氣的臣子。孔子明白季氏的態度，《論語》中也有多處記載了他不滿子路、冉有作季氏家臣不夠有原則的反應，不過既然是他的學生，子路、冉有的遵從、妥協還是有限度的，所以孔子不客氣地對季氏表示：別想要他們聽你的話，為了政治去做「弒父與君」的事。

怎樣成爲「仁者」

「知其人，讀其書」，或倒過來「讀其書而知其人」，感受到書的內容背後有人，這樣的態度，在閱讀《論語》時格外重要。傳統上把孔子神聖化了之後，連帶地就將《論語》中的紀錄高度普遍化，認定孔子所說所示範的，是放諸四海皆準的道理。實際上，也就是將原本有時代背景、有現實處境、還有個人性格因素作用影響的內容，從環境脈絡中抽離出來，只做表面的解釋。

很多人在學生時代接觸過讀過《論語》，留下了不太好的印象。那往往就是因為將《論語》的內容強制當作不容懷疑、不容討論的真理，由上而下壓在學生頭上，要求一字不漏地背誦下來，要求不得偏倚地照著課本注釋來看待孔子說了什麼、做了什麼。今天，我們沒有理由、沒有必要再受這樣的折磨了。

《論語》中孔子的話，孔子的意見，是依照情境、對象而說的，絕對不是為了考試而設計的，因而照理說《論語》的內容不適合拿來考試。例如說，回到《論語》的文本，我們就無法用考試答題的方式，回答：「什麼是『仁』？」「仁」是孔子思想、乃至於後來儒家傳統中的核心概念，但孔子從來沒有給「仁」下過明白、可以背誦的定義；或說，孔子從來沒有用定義的方式來解釋「仁」。

「仁」的本意，是人與人之間的對待。到春秋時期，這個字已經明顯抽象化了，指的是「人與人之間對待的原則」或「對待別人的正確素質」。《論語》中孔子多次提到「仁者」，幾乎每次都是以最高級的方式來描述「仁者」，可知「仁」在他價值系統中處於最高位階。但「仁」到底是什麼？後世的儒家經典，如《易繫辭》用了很多「參贊化育」、「德配天地」一類的抽象言詞來形容、讚美「仁」。《論語》中，孔子卻很少如此說「仁」，他的「仁」依照不同狀況，針對不同的人，而有不同的說法。

《論語》中，只有「聖者」和「仁者」一樣高，甚至比「仁者」高。不過「聖者」相對容易把握，那指的是少數幾位在歷史上曾經立下大功勞的帝王，他們除了有身上特殊的超拔能力之外，還需要有可以安民、解難、創造文明的權力位子。人沒有辦法依靠自己的努力、修養成為「聖者」。「仁」、「仁者」是每個人都可追求的境界目標，價值上那麼高，又沒有任何人預先被排除在追求範圍之外，難怪弟子們都會很好奇：那到底什麼是「仁」？怎樣做可以變成一個「仁者」？

《論語．顏淵篇》開頭連續三章，都是談「仁」的。第一章：「**顏淵問仁。子曰：『克己復禮為仁。一日克己復禮，天下歸仁焉。為仁由己，而由人乎？』顏淵曰：『請問其目。』子曰：『非禮勿視，非禮勿聽，非禮勿言，非禮勿動。』顏淵曰：『回雖不敏，請事斯語矣。』**」

孔子回答顏淵的方式是：「節制自己的慾望、衝動，回歸到禮的規範上，那就是『仁』。雖然你只有一個人，即便你只有一天做到了克己復禮，但就因為你的努力與成就，整個天下就會朝向應有的、理想的『仁』的狀態多接近了一步。要實踐『仁』，靠的是自己，不需要靠外在別人的力量。」

用今天的語言和概念來理解，孔子主張的是你每天自我檢驗，對於明明知道是錯的、不應該的事，你能不能有辦法予以節制？只要你如此依照所相信的道理標準自我節制，不逃避不找藉口，那麼整個世界就因為你的「正行」而變得更好更接近理想狀態一點點。這都是自己一個人就可以做得到，不需要等待什麼外在條件配合的。

顏淵接著問：「那要做到『克己復禮』有什麼具體的條目可以遵循嗎？」孔子給了他一段大家很熟悉的回答，四個「非禮勿」。前面兩個「非禮勿視」、「非禮勿聽」，是節制自己的感官，提醒我們要有一套方法、一組原則來篩選外界的各種訊息與刺激。用今天的話來說，那就是要訓練我們的感官具備一定的品味。並不是所有你接觸到的訊息、刺激，都應該接收、都適合接收。人的教育、訓練中，應該包括一塊，是讓我們養成習慣，對這些訊息、刺激有所分辨、檢別，很快就明白有些「低級趣味」，是大可以不看不聽的。

孔子絕對不是要教顏淵對某些事情裝作沒看到、沒聽到。這裡講的是由選擇而來的節制。做為一個人，我們可以不斷提升自己的品味，離開原始動物層次的誘惑、刺激，學會對低層次的誘惑、刺激予以隔絕、排斥。然後我們才能開始接受、欣賞更高層次的訊息。

後面兩個條目，「非禮勿言」、「非禮勿動」，字句形式一樣，卻和前面兩條有很不一樣的強調方向。前面兩條規範我如何接觸、接收、接納外在世界，後面兩條則規範我如何將自己置放入外在世界中。我們也得要有明確的原則在心中，知道有些話就是不能說的，有些事就是不能做的。也就是：進入這個世界，尤其是進入人際所構成的世界，我們需要做好對於自我的訓練，節制自我中心、自我膨脹的習慣。

什麼時候我們會說不該說的話？會做不該做的事？最常發生的情況，就是我們沒有意識到說這樣的話、做這樣的事，會對別人產生什麼樣的傷害，也就是我們心中沒有了別人，無法體貼地想像別人會有的感受、反應。只知道自己，只考慮自己，那就是沒有節制、那就是「非禮」，這樣的話不能說，這樣的事不能做。

孔子這樣教顏淵，顏淵聽懂了，就對老師承諾：「儘管我沒有特別聰明，但我會努力遵照您說的這幾句話去做。」

從來沒有現成的回答

下一章：「仲弓問仁。子曰：『出門如見大賓，使民如承大祭，己所不欲，勿施於人。在邦無怨，在家無怨。』仲弓曰：『雍雖不敏，請事斯語矣。』」

第一眼我們就看出來，這一章的開頭和結尾，都和上一章一模一樣，只有把顏淵換成冉雍，就是仲弓。冉雍問的也是仁，聽了老師給的答案，他也就恭敬地說：「儘管我沒有特別聰明，但我會努力遵照您說的這幾句話去做。」

正因為開頭結尾一樣，主題也一樣，孔子兩次給的答案的差距，就更形顯眼了。

孔子給冉雍的回答，第一項專注在「敬」的態度上。「大賓」、「大祭」都強調重要且莊嚴的場合，不能掉以輕心。也就是人生當中會讓你覺得最莊重、最開不得玩笑的那種狀況。孔子教冉雍：在外（應對公眾事務時）的態度像是要去見你心目中最重要，可能可以改變你人生的人。「大賓」指的是人，而「大祭」指的是場合。領導支使人民（運用你的權力）時，要如同在忠烈祠主持秋殤國祭一般莊重謹慎。

敬謹的根本，或說敬謹的作用，就在於讓你心情沉澱、不輕浮，你才會認真體會、思考別人的心情、別人的要求。以己度人，自己不想要的，別加諸在別人身上。設身處地不希望別人如何對待你，那你就不可以那樣對待別人。這是相關聯的第二項修養條目。

第三項則是不強求要有什麼地位、什麼身分。和「人不知而不慍，不亦君子乎」有著同樣意思，孔子教冉雍：獲得權力地位，服務國君，很好，沒有怨言；得到不賞識，只能待在家中，也很好，沒有怨言。

這三項都是針對有心從政的人，給予的提示。因為孔子看好冉雍具備可以從政的人格與能力條件，顯然冉雍自身也對於從政有著高度興趣，所以孔子的答案，就朝向在政治上實踐「仁」來強調，和教顏淵如何在自身修養上趨近「仁」，大不相同。回答顏淵時，孔子談的都是內在，甚至說：「為仁由己，而由人乎哉？」相對地，回答冉雍時，談的都是外在的作法。

孔子給顏淵的答案，和孔子給冉雍的答案，中間有什麼樣的連結？把這兩個答案視為「仁」的兩個不同價值面向，可以讓我們對「仁」有什麼樣更完整的理解或想像？《論語》並沒有提供簡單、現成的答案，需要我們自己去思索、去演繹，這也是讀《論語》的一大樂趣——挑戰的樂趣——所在。

孔子的幽默感

下一章，孔子又用不一樣的態度和方法回答弟子問「仁」。「司馬牛問仁。子曰：『仁者，其言也訒。』曰：『其言也訒，斯謂之仁矣乎？』子曰：『為之難，言之得無訒乎？』」司馬牛也來問「仁」，孔子給了一個看來像是開玩笑的回答。「訒」字從言從刃，做反義解，指的是說話遲鈍不銳利，更不會傷人。「仁者說話遲鈍，不以語言傷人。」就是孔子給的答案。

司馬牛立刻追問：「說話遲鈍，就算得上是『仁』了？」孔子逮住這個機會，不客氣地修理他：「要做到是很難的，你現在就有辦法做到別急著搶著說話嗎？」《史記・仲尼弟子列傳》中說：「司馬耕，字子牛。牛多言而躁。」顯然，司馬牛最大的毛病就在性急愛說話，老師說了一小段話，他就急著質疑反問，於是孔子就給了他機會教育，表示：別小看「其言也訒」，我才剛教「其言也訒」，你馬上就插嘴多話，這樣你該明白光是要做到「其言也訒」都有多難吧！

真是鮮活有趣的師生對話啊！若將下一章放在一起讀，還能讀出更多有趣的訊息來。《論語．顏淵篇》第四章，記錄的也是孔子和司馬牛的對話：**「司馬牛問君子。子曰：『君子不憂不懼。』曰：『不憂不懼，斯謂之君子已乎？』子曰：『內省不疚，夫何憂何懼？』」**

你看，司馬牛又來了。老師回答一小句，他又急著反問：「這樣就算是『君子』了？」和上一章對著看，我們忍不住笑了，難怪老師要這樣教他，因為司馬牛就是個口頭反應很快、也很沒禮貌的人。對於老師給的答案，他的反應模式是先質疑，而不是先分析、思考。

還有，兩次他的質疑都是針對老師給的答案看起來太簡單、太粗淺了。明顯地，他期待老師給他更複雜、更深奧、更有學問的答案。就是因為太明白司馬牛這種毛病，所以孔子如此教訓他。一次是訓他：「仁」的重點在於行為實踐，落在行為上，每一個條目都是困難的考驗，一個真正試著去實踐的人，自然會體認到言與行之間的差距，也就自然不敢任意說大話，謹慎看待自己說出去的話，於是「其言也訒」。只有那種缺乏真實修養功夫經驗的人，才會老看重言詞，只想學會一些可以拿來說得很好聽的道理。

第二次，孔子訓司馬牛：「君子」的資格條件在內不在外。關鍵在於對得起自己、對得起原則，自在優游於安心的道德狀態中，而不在於什麼高遠的目標。「君子」之所以「不憂不懼」，因為他不斷在做自我省察的功夫，嚴格地檢驗自己言行之間的出入，基於這樣的知，得到了內在的舒爽平靜。

還原對話的情境，我們就了解，這段中孔子的回答，與其說針對「仁」

來解釋，還不如說是針對司馬牛的個性與缺點的教育設計。「其言也訒」，在「仁」的修養上，其實真的沒那麼重要，只是一種實踐後連帶的外在表現，頂多是「仁者」會具備的特質之一，其位階與重要性，都不能跟給顏淵或冉雍的答案相提並論。也因此，對這第三個答案，我們應該有不同的讀法，不必在「其言也訒」上面做太多文章，而是去會心體認孔子做為一個老師的隨機方法，及其中顯現出的幽默感。

第四章　還原真實的孔子

孔子是唯心主義者？

《論語》是一本擁有豐富「內證」材料的書。各條內容之間往往有所呼應，更可以互相發明。讀《論語》，一定要看到孔門弟子不同的個性，了解了司馬牛的個性，我們就更能準確掌握孔子對他說的話的意義；倒過來，整理比對所有和司馬牛有關的內容，我們又能從孔子和他的對話中，更準確地查知司馬牛究竟是一個什麼樣的人。

單純從《論語》的內文互證來看，看到的孔子，是一個感情豐沛，而且具有敏銳共感的人，不只是在他的教誨中，強調「己所不欲、勿施於人」、「推己及人」，也就是以同理心為基礎，更重要的，他和弟子的互動，也是依照他當下對於弟子心中所想、身體所感的掌握，才發而為言的。他有時嚴厲、有時幽默、有時嘉許、有時批評，以不同態度尋求對弟子最大最深的影響，依據的，也就是他對於弟子的共感了解。

《論語．述而篇》第十四章：「**子在齊聞韶，三月不知肉味，曰：『不圖為樂之至於斯也。』**」孔子在齊國，聽到了原汁原味的「韶」樂演奏，這是他在魯國沒有聽過的，大為受到吸引，因為隨時被「韶」樂的美妙挑動著，以至於很長一段時間，都不會受到肉味的誘惑。他感慨地說：「還真沒想到音樂可以動人到這種地步！」

那個年代，一般人很難吃到肉，只有大夫以上或老人，才能固定吃肉，因而肉的滋味對他們來說，更具誘惑吸引力。孔子驚訝音樂可以動人到這種地步，不過我們知道：更令人驚訝的，應該是孔子對於音樂的共感反響竟然到達這種程度，以至於聽到了好的音樂，他就對於那個時代大家認為最好的口腹享受相對都沒有感覺了。

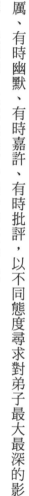

中國大陸「批孔運動」中，對於孔子的攻訐，百分之九十九都是錯的，是為了運動而去紮出來的稻草人，和歷史上的孔子、孔子的思想與為人，完全無關。不過在這些荒唐錯誤中，有一項指控誤打誤撞對了：那就是批判孔子是個「唯心主義者」。孔子是個感情豐富、感官敏銳的人，因而他習慣從內心的感受來看待這個世界，他教導追求的不是正確的行為，而是對的感受，或說更好更高的感受。沒有那樣的感受，就算做了那樣的事，對孔子來說，仍然不算數。

《論語．雍也篇》第十二章：「**冉求曰：『非不說子之道，力不足也。』子曰：『力不足者，中道而廢，今女畫。』**」冉有（求）對老師說：「並不是聽不進老師講的道理，實在是我能力不夠，實踐不了、做不到啊！」孔子說：「真正能力不夠的人，是走到一半再也走不下去，只好放棄停下來，但你不是，你還沒走就先設定了自己只能走到哪裡。」

冉有對老師說的，是用內在能力來辯護自己不夠好的外在表現；而老師回應他的，是以內在感受、動機作為標準批判他。老師真正在意的，不是你表現究竟有多好，而是你內在有多強烈的動機，想要做得更好。老師責怪冉有的，是他缺乏足夠的動機，去試試看自己能力的極限到底在哪裡，如此說自己能力不足，就成了藉口。

在這點上，孔子的確是個「唯心主義者」，他責求於冉有的，是「誅心」之論。我們當然可以質疑：你怎麼知道冉有心中想什麼，給自己怎樣的目標？不管他做到多少、做得如何，卻要管他到底有多努力、夠不夠努力，這種看法不是很主觀嗎？

的確很主觀，但這份主觀正是孔子思想不可或缺的因素。靠著他豐沛敏銳的共感能力，孔子傳遞了一種價值——認真誠實地面對自己，比外在表現給別人看、說服別人，要更重要。他憑什麼這樣教？靠的就是他能夠一眼看出冉有究竟是「力不足也」，還是「畫」，這內在的差距。

《論語・子罕篇》第十九章：「**子曰：『譬如為山，未成一簣，止，吾止也；譬如平地，雖覆一簣，進，吾往也。』**」堆一座山，那麼浩大的工程，做到只剩下一筐土，然而若是我停了，不堆那一筐土，也就停了。同樣堆一座山，儘管只在平地上堆了第一筐土，我開始堆，也就堆了。

從客觀的事實上看，前面的，已經堆得很高很高，當然比後面才堆一筐土的高得多。但從主觀的意志意願來看，前面的停下來了，不做了，也就是「畫」，那麼儘管只剩一筐土，這座山也必定不會完成。相對地，後面的那人，雖然才堆了第一筐土，但他有著前進努力的意志意願。我們應該看表面成就而肯定「功虧一簣」的人，還是應該考量主觀意願，讚許傻乎乎埋頭苦幹的人？

再進一步看，孔子這句話也指出了：前面的努力、前面的條件，無法保證現下的決定與成就。已經堆了幾百萬筐土，無法保證你不會在最後一筐土的關頭停下來，以至於完成不了這座山的工程。同樣的，儘管就是一片平地，還需要幾百萬筐土才能堆成一座山，也沒有理由因為這樣，你就一定不會去做這件巨大艱難的事。事情成不成，有其客觀形勢與條件，但要不要做，跟這些客觀條件之間沒有必然關係，純粹取決於你的主觀意志。所以說「止，吾止也」、「進，吾往也」，要止或要進，都是自己決定的，不是客觀形勢與條件可以必然規範的。

說得更強烈些，人就是擁有可以不顧、甚至抗拒客觀形勢、條件的主觀決定力量。誰能規定只剩一筐土，你就一定會把山堆起來？又有誰能強迫你絕對不能在平地上追求堆起一座山來？沒錯，在尊重、強調人的主觀意願上，孔子是個不折不扣的「唯心主義者」。

禮與情感教育

孔子這種「唯心主義」的立場，一部分來自於他對春秋變局的觀察與分析。為什麼會有這樣一個混亂脫序，讓很多人活得不平靜、不安穩的時代？孔子始終不變的看法：那是因為失去了「禮」，「禮」被拋棄、被扭曲、被混淆了。那麼又為什麼會有「禮之不行」的錯亂現象呢？孔子得到了很特別的答案。

墨家、道家、後來的法家，他們的共同出發點，是認定舊有的「禮」本身有問題，至少不符合現實需求，所以主張應該淘汰原來的「禮」，離開「禮」來尋找新的辦法。孔子不這麼想，他認為問題出在「禮」的外表形式與其內在精神根本脫節了。或者說，「禮」被外在化、形式化，以至於失去了和人的真實感情之間的扣連。所以救世濟世的方法，就是去探究「禮」的精神，回到「禮」當初設計的原始用意，讓「禮」重新和人的內在真實感受結合在一起。

不在意不講究內在感受，「禮」就成了僵化的具文。「禮」應該是幫助我們發掘、表達並節制感情的，絕對不該、不可以反過來成為麻木、掩飾、欺瞞、扭曲感情的力量。

《論語．述而篇》第九章：「**子食於有喪者之側，未嘗飽也。**」第十章：「**子於是日哭，則不歌。**」第三十二章：「**子與人歌而善，必使反之，而後和之。**」這三條都是描述孔子行為，又表現孔子之「禮」的。

孔子在親人剛去世，還在喪事中的人身邊吃飯，從來沒有吃飽過。這是「禮」，這更是真感情真感受。不是要規定你不能吃飽，更不是要強迫你必須少吃，而是你會感染人家的哀戚與低抑心情，旁邊的人心裡難過，食不知味，你卻可以不受影響照常吃飯，這樣對嗎？

孔子在那天哭過了，就不唱歌。這也是「禮」，這也更是真感情。因哀傷而哭泣，馬上轉過臉來可以快樂歡唱，這麼快、這麼戲劇性的轉折，對嗎？要嘛你的哭沒有那麼哀傷，要嘛你的歌沒有那麼快樂，那都是「不真」。「禮」的規範，就是要協助我們別陷入「不真」，別放半吊子的感情，要難過，就真的難過；要快樂，就真的快樂，這是孔子主張的情感教育，真實、純粹、徹底。

《論語．八佾篇》第四章：「**林放問禮之本。子曰：『大哉問！禮，與其奢也，寧儉；喪，與其易也，寧戚。』**」什麼是「禮之本」？林放這個問題問到了孔子教育的核心，所以老師稱許：「大哉問！」問「禮之本」，就表示明瞭除了表面的「禮」，儀節、規矩以外，有更重要的「禮」的根本，「禮」的內在精神。孔子給的答案，重點就放在要有真實的感情上。

與其失之繁縟，寧可失之簡樸。而且特別舉喪禮為例，與其把所有儀節都做得周到，還不如表現真誠的哀傷。

孔子跟人家一起唱歌，遇到很會唱的，他一定會請人家再唱一次，自己跟隨著應和。這也是表現孔子對音樂、對他人才能的真心欣賞之情，而將這種欣賞之情適度表現出來，也就自然成其為合宜的「禮」了。

劃錯重點的學生

《論語．陽貨篇》第十九章：「宰我問：『三年之喪，期已久矣。君子三年不為禮，禮必壞；三年不為樂，樂必崩。舊穀既沒，新穀既升，鑽燧改火，期可已矣。』子曰：『食夫稻，衣夫錦，於女安乎？』曰：『安。』『女安，則為之。夫君子之居喪，食旨不甘，聞樂不樂，居處不安，故不為也。今女安，則為之。』宰我出，子曰：『予之不仁也！子生三年，然後免於父母之懷。夫三年之喪，天下之通喪也，予也有三年之愛於其父母乎？』」

宰我問：「為父母守喪三年，時間很長啊！為了守喪，三年之間都不行其他禮儀，這樣禮就一定敗壞了；三年之間都不舉樂，樂也就一定荒廢了。前面收成的穀子吃完了，又收成了新的穀子，去年生的火讓它熄滅，重新鑽鑿升火，這樣一年輪迴的時間，應該就差不多了吧？」

雖然說是「問」，實則宰我是要表達自己的意見，主張傳統三年守喪的時間太長，應該縮短為一年就好了。而且宰我有備而來，想了很好的理由。

第一重理由是守喪期間不能正常生活，不行禮不舉樂，這樣就破壞了老師看重的禮與樂。第二重，自然時序以一年為輪迴，人的生活也就配合如此進行，古代取火升火不易，總是要想辦法維持讓火一直燒著，不要熄滅，但即使如此，每經一年，也會滅舊火、鑽新火，以示一年再來的循環意義，一個自然的輪迴過去，守喪也就結束，不是很適合嗎？

孔子沒有直接回答這樣改好不好，而是問：「如果父母死了一年後，就吃好的、穿好的，你能心安嗎？」

宰我給了很肯定的答案：「可以心安啊！」於是孔子就直接告訴他：「心安的話，那你就這樣做吧。君子之所以守喪，是因為失去了至親，心中悲哀，給他好東西他吃不出美味，給他音樂他聽了也不快樂，在原來的住處待不安穩，所以才會不吃美食、不聽音樂、避居到簡陋的屋子。現在既然你都可以覺得心安可以享受日常生活，那你就去做吧！」

孔子兩度說「女安，則為之！」那絕對不是真正同意讚許的口氣。等到宰我走出去了，孔子對其他弟子說：「宰我真是不仁啊！兒女出生三年，才有辦法離開父母的懷抱。基於這樣的道理，所以有為父母守喪三年的普遍原則，宰我小時候難道沒有從父母那裡得到三年的愛護照顧嗎？」

這段將孔子對於「禮」的看法與態度，表現得生動且明白。孔子不落在守喪三年的規定上看這件事，而是直指規定的來源。並不是因為守喪之禮有這樣的規定，所以君子在父母死後三年，不吃好的、不享受音樂、不過原本的日常生活；因果上剛好倒過來，是因為父母之死帶來太強烈的改變衝擊，人不可能在如此衝擊下保持正常，吃到好吃的，就想到：啊，父母吃不到了；聽到好聽的，就想到：啊，父母聽不到了；在原來的房裡轉一轉，就想到：以前父母坐在這裡，這樣跟我說話，現在沒有了……「禮」不過是將這種傷痛中的自然經驗化為儀節，幫助人度過非常時期。

宰我搬弄的道理，孔子立刻看出、也試圖提點：完全搞錯重點了。問題不在可不可以，而在能不能。不是要不要遵守規定，過三年自苦的生活，而是你能不能放得掉心中的感情，快快就恢復吃好穿好正常生活。

宰我認為自己可以做到，意味著一年之後，他心中就沒有了對父母的懷念孺慕之情，真實的感情消失了，那麼繼續心不在焉、敷衍地守喪，意義何在？對宰我，孔子說：「女安，則為之」，這是信守自己的根本原則，「禮」應該、也只能依照真實感情來執行，他不會要強求宰我在沒有真實感情的情況下，再守三年之喪。

但老師心中是痛的。所以等宰我出去了，他才對其他弟子說他的憤慨與心痛：宰我的問題不在違背了「禮」，而是更嚴重地違背了人與人之間的互相對應感情原則，所以說他「不仁」。孩子出生至少前三年完全依賴父母，靠父母的褓抱養育才能變成一個人，想到這樣的事實，人能沒有在父母死後，對父母的三年感恩與思念嗎？宰我竟然一年後就可以擺脫對父母的感情，難道他小時候也可以不用接受父母三年的愛護照顧嗎？

孔子非常憂心

《論語．述而篇》第二章：「**子曰：『默而識之，學而不厭，誨人不倦，何有於我哉？』**」張開眼睛、打開耳朵接觸這個世界，將所見所聞默默地存記在心中，不斷地學習而不會有厭惡的感覺，將自己所學到的教給別人從不疲累，這些事，對我哪有什麼困難呢？這表現的，是孔子的自信，這幾件事，他最擅長做，正因為也是他最樂於從事的。

下一章說：「**子曰：『德之不修，學之不講，聞義不能徙，不善不能改，是吾憂也。』**」那孔子擔心的是哪些事呢？他擔心自己在人際行為的道德上沒有足夠的修養，擔心對於學到的知識或技能無法持續精進講求，擔心聽到了正確的行為原則道理，卻不能在自己身上實踐，擔心明明知道有什麼缺點卻改不了。

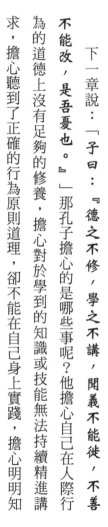

兩相對照，浮顯出了孔子的自我形象。他知道、也自豪於自己的長處，是樂於學習、學得快記得多，而且懂得如何將自己所學的，轉教給別人。但因應於這樣的長處，他也就敏感地查知並檢討連帶的問題：知識、技能容易學來也容易教出去，一不小心，這些知識、技能就一直是身外物，從生活中「通過」，卻沒有確實地影響、改變自己。

他要擔心的，都是學了、學到了以後的事。知道了道德原則，然後呢？具備了知識，然後呢？懂了規矩，然後呢？檢討並明白了自己，然後呢？我們可以，事實上也有很多人，就停留在那裡，沒有「然後」。尤其是做老師的人，更容易如此。左手進來的，右手就交出去，反正應付了教學需要，在學生面前看起來懂很多、很有學問，可是這種人他學得愈多，學到的東西對他自身生命愈沒有影響、沒有意義。

孔子不要自己變成這樣的人，當然他也不會要學生們變成這樣的人。不過他很清楚，知識可以教、技能可以教，偏偏最關鍵的那一段，如何讓知識、技能真正變成你的，不再只是身外物，不是拿來換分數或對別人炫耀的，老師教不了，只能靠自己覺醒領會。孔子自己不斷「憂」這幾件事，那是他持續的修養工夫，同時卻也是唯一一種可能可以感染、影響學生的方法，這是真正的「以身作則」。

《論語．述而篇》第三十三章：「**子曰：『文，莫吾猶人也；躬行君子，則吾未之有得。』**」「只要是關係到外在文獻知識的，我總還比得上別人；但要把這些知識落實在行為上，活得像個古代貴族君子一般，我卻還沒有什麼收穫啊！」表達的，是同樣的對比。

後世將孔子所學所教的，拿來當做考試的材料，進一步將考試死背標準答案的弊病，推到孔子身上，實在是天大的冤枉。孔子抱持的，分明是徹底相反的態度，強調重視學到自己身體裡，反對、擔憂只學到進不了身體裡的知識，而且還不斷力行實踐他的信念。這才是孔子。

全幅人格的老師

孔子教了很多學生，後來的說法，號稱有三千門人，光是知名的就有七十二位。然而讀《論語》，我們會發現孔子從來不上大班課，他的教學重點在於分辨學生的特性，有很多他說這個學生如何和那個學生不同的紀錄，相對地，卻很少聽到他說誰和誰是一樣的。

《論語．雍也篇》第八章：「**季康子問：『仲由可使從政也與？』子曰：『由也果，於從政何有哉？』曰：『賜也可使從政也與？』子曰：『賜也達，與從政何有哉？』曰：『求也可使從政也與？』子曰：『求也藝，於從政何有哉？』**」

魯國世卿季氏向孔子探問了三個人，子路、子貢和冉有，問他們是否具備從政的條件。孔子都用明確、肯定得近乎輕蔑的方式回答：「從政對他們有什麼難的？」但對於三人之所以能夠從政，卻有不一樣的說法：子路是因為果敢決斷，子貢是因為通達事理，冉有是因為多才多藝。

孔子教這些弟子，不只是要讓他們去幫忙服侍大夫，而是要讓他們成為一個完整的「君子」，足可以承擔更高的國政任務。要在大夫家服務，有片面的特色能力，就足夠了。孔子用這種方式表達他的政治概念，同時又簡潔精確地顯示了他對學生的認識。

紀錄分成三段，因為孔子不是籠統地對季康子說：「我這三個學生都很好，要去幫你處理政事，都綽綽有餘。」這就不是孔子的風格，即使簡單到只用一個字來形容，他也一定要一一說子路是怎樣、子貢是怎樣、冉有是怎樣。這是他看待學生，同時也是他尊重學生之處。

在求學過程中，我們誰沒有聽過、聽膩、聽煩了老師對著大家說：「你們都是如何如何……」？老師用全稱語句罵全班，校長也用全稱語句罵全校。聽到這樣的話，你做何感想？不會有被亂罵謾罵、不受尊重的感覺嗎？孔子是個基本上不會用「你們」來罵學生的人。

孔子會罵學生，有時候還罵得很兇。但他罵，一定也都針對個人，針對特定個性與行為而罵，不會發洩式地把幾個人，乃至全部的學生罵進去。

《論語．述而篇》第二十四章：「**子曰：『二三子以我為隱乎？吾無隱乎爾。吾無行而不與二三子者，是丘也。』**」「二三子」是孔子稱呼弟子的親切用語，這句話就是對弟子們說：「你們以為我有什麼事情隱瞞你們嗎？我對你們沒有隱瞞，我所做的事沒有不能讓你們參與、不能讓你們知道的，這就是我的個性、我的為人。」

孔子能在當時、在後世產生那麼大的影響，因為他對學生這種全心全意的投入相處，更因為他是以全幅人格顯現在學生面前，學生們所認識的，不是一個上了班扮演老師角色的孔丘，而是日夜分秒真實活著的孔丘，習慣、甚至堅持「無行而不與二三子」的一個人，他一舉一動都不隱瞞，於是他的一舉一動都對學生產生影響，也才會讓學生在那個書寫條件還很不好的時代，忍不住想要把老師的言行盡量用文字保留下來。

《論語．子罕篇》第十二章：「子疾病，子路使門人為臣。病間，曰：『久矣哉，由之行詐也。無臣而為有臣，吾誰欺？欺天乎？且予與其死於臣之手，無寧死於二三子之手呼！且予縱不得大葬，予死於道路乎？』」

孔子病得很重了，看起來很像會死掉，大弟子子路不得不開始準備喪禮事宜，叫門人們去扮演「臣」的角色。這意味著要給孔子像是國君般的喪禮，從他臨終病榻前開始，就給他最高級的待遇。結果孔子沒死，病慢慢好了，稍微好到一個程度，他就罵人了：「我早就知道子路做事情不可靠，會作假。我是個國君嗎？我平常有『臣』繞著我、服侍我嗎？要死了卻跑出這些假扮的『臣』來，我是要騙誰呢？難道要騙天嗎？而且與其讓我像個國君一樣，死在『臣』的照顧中，我還寧可由弟子們圍繞著而死。就算我沒有辦法得到高高在上的喪禮，難道你們會讓我曝屍死在路上嗎？」

孔子罵人真的罵得很兇，而且很多難聽的話，都是用來罵子路的。但完整讀過《論語》，我們卻一定不會搞錯，不會認為子路是個壞蛋、孔子討厭子路。孔子和子路的關係太特別了，兩人其實只相差九歲，所以孔子在子路面前，沒有那種老師的威嚴，加上子路脾氣暴躁，常常孔子話還沒說完，他就搶著回答，甚至搶著表示反對，正因為最親近，孔子罵他的話，會有那種體己的嚴厲。

孔子罵子路，先是罵他詐偽，竟然想要給老師做排場，違背僭越了孔子的地位，擺出國君式的禮儀來。顯然，魯國的大夫世卿經常有人如此僭禮，但這正是孔子最受不了的。後面一段話，還是罵子路的，但罵的重點是：「這麼多年了，你還搞不清楚，在我眼中作為老師的身分地位，會比作國君來得低嗎？你怎麼會以為把大家裝成『臣』，能讓我心安、讓我高興呢？會比你們就是你們，照著原本的弟子身分出現來得好？我要的，真正最適合我身分的，就是弟子們服侍著讓我離開這個世界，你怎麼都不了解我對你們的這種信任呢？」

這兩件事，讓從死裡活過來的孔子，同樣痛心吧！

孔子怎麼開玩笑

和學生相處，孔子有嚴厲的時候，卻也會有幽默的時候。他常常說開玩笑的話。但這種玩笑話，到後來都被嚴肅解釋，一定要讓孔子隨時板著臉孔說話，那就不是《論語》中真實顯現的孔子。硬要正經八百解釋孔子開玩笑的話，一來既傷害了語意，解來很勉強、很彆扭；二來更阻隔了我們對孔子的認識。

例如《論語・子罕篇》第二章：「**達巷黨人曰：『大哉孔子，博學而無所成名。』子聞之，謂門弟子曰：『吾何執？執御乎？執射乎？我執御也。』**」

達巷這個地方，有人在背後諷刺批評孔子：「孔子很了不起啊！學問那麼大卻沒有任何職位與成就呢！」「成名」主要指的是在政事上得到的地位。孔子聽到了這樣的批評，就跟弟子們說：「唉呀，我適合擔當什麼職務呢？我該去駕馬車好呢？還是去負責射箭好呢？嗯，我還是比較適合駕車吧！」

傳統上的解法，是說聽了人家批評，孔子跟弟子商量：「那我應該專注從事什麼職務呢？御還是射呢？恐怕還是御好一點。」這解法有明白的問題，「御」和「射」都不是什麼了不起的職務，也不是孔子看重的，更不會是孔子的專長。於是只好附加說明，一種說孔子說反話，「故為自屈之辭已顯其所稱之失」；另一種說孔子講的是真話，「足以表聖人之謙」。

這段紀錄有更自然更簡單的解釋。有人這樣批評孔子，孔子聽到了，就開玩笑地跟弟子們說：「是啊，你們老師好像什麼都不會耶，我到底會什麼、適合做什麼呢？我可以駕馬車嗎？還是去負責射箭嗎？……」這分明是孔子自我解嘲的幽默啊！

《論語．先進篇》第十三章：「**閔子侍側，誾誾如也；子路，行行如也；冉有、子貢，侃侃如也。子樂。『若由然，不得其死然。』**」孔子身邊圍繞著不同個性的弟子，閔子騫恭敬嚴肅，子路剛強果決，冉有、子貢溫和善於與人相處，讓孔子感到很高興。孔子之樂，樂弟子們都有自己的個性，都能發揮自己的個性。

《論語．先進篇》下一章就說：「**魯人為長府。閔子騫曰：『仍舊**

貫，如之何？何必改作？』子曰：『夫人不言，言必有中。』」魯國翻修稱作「長府」的金庫，閔子騫評論說：「依照老樣子有什麼不好呢？為什麼需要翻修改造？」孔子為此稱讚閔子騫：「這個人平常不太說話，但每次說了，一定很中肯。」

閔子騫針對的，顯然不是翻修改造「長府」這個房舍，而是針對之所以需要翻修改造的理由。從人民那裡的賦斂有所增加，才會要修金庫，同時修金庫又要用掉從人民那裡收來的財富。「仍舊貫，如之何」短短幾個字，表現了閔子騫反對增加賦斂的立場，得到了孔子的肯定支持。

孔子肯定他的說法，強調了閔子騫平時寡言，和子貢、冉有大大不同，當然也和子路的氣派衝動不一樣。接下來孔子說的話，傳統上解釋為：孔子對子路的個性有著特別的憂慮，所以說：「像子路這樣衝動武勇的人，恐怕不容易能夠像樣地壽終正寢。」

然而，我還是比較傾向於相信孔子不是用正經八百的態度說這句話，儘管子路後來真的沒能得到壽終正寢的結局，這話是個準確的預言，不過在當時的氣氛下，「子樂」，然後一轉就要講出那麼陰暗沉重的話，聽起來簡直像是孔子在詛咒子路似的，總覺得很不對勁。

比較容易理解、想像的，反而是在那樣弟子圍侍的情境下，孔子高興得開起玩笑來了。看到子路一貫自信武勇的模樣，老師就笑他：「可是像你這樣老是踐個二五八萬，將來會要倒楣的。」孔子和子路這對師生，本來就常常互相虧來虧去，老師逮到機會糗學生一下，一點都不奇怪呢！

第五章　老師沒有標準答案

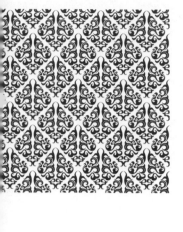

生與死是怎麼回事？

《論語．先進篇》第十二章：「**季路問事鬼神。子曰：『未能事人，焉能事鬼？』曰：『敢問死？』子曰：『未知生，焉知死？』**」子路問該如何服事鬼神。孔子不直接回答他的問題，卻說：「還沒能好好服事人，哪管得到去服事鬼神？」這話有雙重意義，一重意義是告誡子路，先學好做好如何服事人，再來考慮鬼神，也就是輕鬼重人的人本態度；另一重意義則是必須懂得了如何好好處理人事，才有能力處理鬼神之事，因為鬼神之事，本來就是人間之事的延伸。

雖然吃了一記釘子，子路顯然還是不放棄這個問題，於是他拐個彎，用小心一點的方式：「那可以問死怎麼一回事嗎？」人死後而為鬼神，死當然是和鬼神相關的，然而孔子怎麼可能察覺不出子路的用意，他也就故意用同樣的語法語句再頂回去：「不知道生是怎麼回事，怎麼可能懂得死是什麼呢？」

死亡以及死後的存在，沒有人不帶著擔憂與害怕的心情感到好奇的，然而孔子的態度很明確：和在現實世界裡好好活著相比，那不重要，至少沒那麼重要。我們無法把握死亡及死後世界是什麼，孔子卻深信，不管那是什麼，必定和活著的現實有一種相似的連續性，而且我們是因為這種連續性——死去的鬼神就是我們的祖先，等到我們死了，也會在那個領域和還活著的子孫發生某種關係——所以才需要思考、理解那個領域，既然如此，我們認真看待現實上的種種人文價值，種種作為人的原則與職責，也就等於為接觸、了解那個領域作了準備。

孔子勸人不要去擔心那些不在我們努力、控制範圍以內的事。《論語・

述而篇》第十六章：「**子曰：『飯疏食飲水，曲肱而枕之，樂亦在其中也。不義而富且貴，於我如浮雲。』**」還有，《論語．述而篇》第十二章：「**子曰：『富而可求也，雖執鞭之士，吾亦為之。如不可求，從吾所好。』**」兩句話對照來讀，很有意思。

孔子當然反對用不正當的方法去追求富貴。然而，他提供的理由，第一，使用不正當手段，破壞原則，也就破壞了我們心中的自在，使我們不樂。以此換彼，划不來。心安自在的人，可以在最簡單的生活中得到真實快樂；還有第二，就算你主觀上願意不擇手段去追求富貴，也不見得就求得到。追求富貴的主觀意願，和想要追求浮在空中的雲朵，有什麼兩樣嗎？

所以他說：「如果財富可以靠主觀努力求了就有的話，那就算叫我拿著鞭子來幫貴族開道，那麼低賤的事我都可以做；但如果財富不是可以這樣主觀求來的話，那我還是做自己喜歡的事吧！」如果放棄原則必然會帶來財富，那我願意去做。這句當然是反話，重點在於點出：放棄自己心中有把握的自主道德原則，去追求要靠運氣成分才能得到的財富，划得來嗎？我「所好」的，只要信守良心原則，就能帶來真實的、任何人都奪不走的快樂，幹嘛犧牲如此內在、純粹掌握在我自己行為上的快樂，去追求不確定的財富呢？

同樣的，我們明白人間事務的一定道理邏輯，對於人事我們能有所掌握其因果，然而死亡、死後存在、鬼神，則在我們掌握範圍之外，幹嘛擔心那麼多呢？

性格了解命運

《論語．先進篇》第十六章：「**子貢問：『師與商也孰賢？』子曰：『師也過，商也不足。』曰：『然則師愈與？』子曰：『過猶不及。』**」

子貢問老師：「子張（顓孫師）和子夏（卜商），誰比較好？」讀《論語》，我們就知道這是很典型子貢會問的問題。子貢對於人際關係的好奇與敏感，在孔門弟子間無人能比。他想知道在子張和子夏之間，老師比較喜歡誰，順便也就可以從老師的意見中，探測老師對自己的看法。

正因為了解子貢背後的用心，孔子給他的答案是：「子張做事常常做過頭，子夏則常常做得不夠。」兩人各自有其缺點。子貢還要比，覺得老師說子張做得太多，子夏做得太少，應該多比少好吧，就再問一句：「所以這意思是子張比較好？」孔子講得更明確些：「做過頭和做得不夠，同樣不好。」

意思是：第一，請你別再老要用這種比較排名次的方式來看待自己的同學了！第二，像你們這種能力、活動力較強的學生，常常會誤以為多做總比少做好，不，真正的標準，是「中」，準確地恰到好處，做不到「中」，過頭了或還沒到，都是「不中」，都有問題需要改進。

《論語．先進篇》下一章：「**季氏富於周公，而求也為之聚斂而附益之。子曰：『非吾徒也。小子鳴鼓而攻之可也！』**」魯是周公的封地，封建之初，理論上魯就是周公的財產。到了孔子的時代，魯的國政落入大夫季氏手中，季氏的權力與財富都超過了魯國國君，所以說「季氏富於周公」。孔子弟子冉求是季氏的家臣，卻還幫助季氏向人民搜刮，讓季氏更富有。為了這件事，孔子氣得宣布將冉求逐出門牆，對其他弟子說：「這種人不再是我的門徒了！你們也不必認他做你們的同門兄弟，可以打起鼓來猛烈攻擊他吧！」

再下一章，第十八章：「**柴也愚，參也魯，師也辟，由也喭。**」雖然沒有冠上「子曰」二字，這句話明顯是孔子說的，簡要地分析這幾個弟子不同的缺點。柴是高柴、子羔，這個人笨笨的；曾參遲鈍；子張（顓孫師）偏激；子路魯莽。

孔子晚年，衛國大亂，父子爭奪國君之位，子羔和子路都在衛國擔任大夫家臣。亂事起時，子羔在衛，一看狀況不對，選擇了離開衛國。子路當時在外，聽說消息立刻趕回衛國，兩人在城外巧遇，子羔勸子路不要進城，子路沒接受，還是進去了。孔子知道了這件事，一時臉色煞白，擔憂地說：「這下慘了，子路死定了。」而子路進城之後，果然就遇難了。

孔子的擔憂及預言的來源，在這條紀錄中充分顯示。那是來自他對弟子個性的理解與掌握。子羔「笨笨的」，不是那種反應靈敏、看得很遠、想得很多的人，如果連這樣的人都感受到危險，都覺得要逃離衛國，那表示衛國的狀況一定很糟很糟。偏偏子路是個最衝動、最魯莽的人，衝動到不知道要保護自己，硬要進到衛國，更魯莽到不會衡量局勢輕重，涉身歷險卻沒有巧智，要如何全身而退呢？

《論語．泰伯篇》第三章：「**曾子有疾，召門弟子曰：『啟予足、啟予手。詩云：「戰戰兢兢，如臨深淵，如履薄冰」，而今而後，吾知免夫，小子！』**」曾參病得很嚴重，將要死的時候，把他的弟子召到病床邊，跟他們說：「看看我的手，看看我的腳。《詩經》說：『要像站在深淵邊一般，像走在薄冰上一般地小心謹慎啊！』現在，我可以免除這種憂慮了，各位！」意思是到人生的最終點，才終於可以確定自己好好保全了身體手腳，沒有受到禍害刑戮，有所交代了。

這就是曾參的「魯」，死腦筋，隨時緊緊握住原則，不敢放鬆，臨死才算鬆了一口氣。

《論語．先進篇》第二十章：「**子張問善人之道。子曰：『不踐跡，亦不入於室。』**」子張問怎樣可以成為「善人」，孔子的回答是：「不踩著別人的腳印走，也不進入到別人家的內室裡。」

傳統上將「不踐跡」解做不跟隨別人、不盲從，把「不入於室」解做「還不夠到家」的意思，如此這句話就變成了孔子對於「善人」的評論，說：「『善人』是那種不盲從的人，但光只是不盲從，在道德修養上還不夠到家。」這樣解，大有問題。問題之一，是子張問的明明是「善人之道」，而不是「善人」或「何謂善人」，他要知道的是實踐方法，孔子的回答卻完全不牽涉任何「之道」的主張與建議。問題之二，這種解法完全忽略了「不踐跡」與「不入於室」中間的「亦」字。從文法上看，孔子的本意，明明是將這兩件是並列的，不應該這樣割裂開來。

我傾向於將這句話理解為孔子給的修養方法。他告訴子張，要做「善人」，就是要光明正大，沒有偷偷摸摸見不得人的行為。「不踐跡」，因為踩著人家的腳印就可以隱藏自己的足跡，跟進到非公開的內室空間裡一樣，都是不公開、不光明正大的做法。

和「師也辟」這個評論意見合在一起看，應該可以更明白。孔子看到子張的缺點是有點偏激有點邪門，會去想些「辟路」來走，不是老走在正道大道上，因而回答時就刻意強調光明正大，能夠經得起公開檢驗的重要。

分辨真假的工夫

《論語．先進篇》第十九章：「**子曰：『回也其庶乎，屢空；賜不受命，而貨殖焉，億則屢中。』**」孔子比較顏淵和子貢兩個人。在學問道德上，顏淵「其庶乎」，意思是已經差不多了，到達了成就的境界，但是在現實處境上，他卻常常既貧且窮，沒有地位也沒有資財。相對地，子貢不安分，不願聽話好好修養，跑去做生意，他的投機投資卻怎麼做怎麼賺錢啊！

孔子用子貢的富，來對照同情顏淵的困窮，另外話中也帶有孔子自嘲的意味。聽話認真的學生，落得「屢空」，那個不認真不聽話，跑去做生意的，卻得到了豐富的世俗收穫，這代表什麼？代表老師的教誨沒有什麼世俗用處，也代表學問道德上的成就，和世俗的所得享受，沒有必然連結關係啊！

所以子貢是很差的學生囉？那倒也不是，我們不能用單一的紀錄片面做這樣的判斷。子貢的「原罪」，是他會做生意、賺了很多錢，和顏淵構成最明顯、最強烈的對比。當老師要稱讚顏淵、為顏淵之「窮」表示不平時，很自然就想到子貢。那是說這句話時，孔子一時的情緒，並不表示子貢那麼壞，也不表示這就是孔子對於子貢的一貫、固定看法。

傳統中因為無法也不願認知孔子是個有脾氣有情緒的人，就主張孔子不可能如此貶抑子貢，所以在「不受命」三字上做了許多文章，要把這段講子貢的話強解成是正面肯定的。這樣解法太辛苦的，其實我們只要回到人的本位，很容易想像孔子說話的態度與意義。孔子那麼欣賞顏淵，顏淵偏又過得那麼窮那麼苦，每次心疼顏淵的苦，老師心中浮上來的第一個影像，當然就是極端對面最有錢的那個學生，因而怎麼看都覺得顏淵這麼窮、子貢這麼富，實在沒道理。這種時候，子貢就倒楣成了反面對照組了。

《論語．先進篇》第二十一章：「**子曰：『論篤是與，君子者乎？色莊者乎？』**」孔子再度提醒，看人不能只看表面，更不能光從言談來判斷一個人。我們一般都推許那種說話實在、論點不浮誇的人，然而還是應該更進一步分辨，這樣說話實在、論點不浮誇的人，是真正有內在篤厚修養，或只是在神色外表顯示得莊重而已呢？

要裝作道貌岸然，滿口都是道理，不是件難事。所有這些道理，都難在如何真心相信，如何落實在為人上。「君子」和「色莊者」最大的差別，前者難後者易；前者由內而外，後者有外無內，我們不能不仔細考察分判。

《論語．衛靈公篇》第二十五章：「**子曰：『吾之於人也，誰毀誰譽？如有所譽者，其有所試矣。斯民也，三代之所以直道而行也。』**」

這條紀錄，將孔子的態度表現得最明白。孔子說：「對於別人，我貶損了誰？稱讚了誰？」用這種問句法，意思是孔子自許從來沒有給予別人不當的貶損或稱讚。之所以能夠如此，因為「有所稱譽，一定是經過考察試驗的，不會光是看表面、光聽言詞上的說法。而我稱譽人的標準，就是找到那種人那種行為，是三代得以倚為原則，遵循而行的。」

孔子所見的春秋時代弊病，最嚴重的，就是外表行為與內在信念分離，從這裡衍生出了種種偽詐，因此活在這種時代最需要的能力，就是辨察真偽，不斷追究內外是否合一。

答案不只一個

《論語．先進篇》第二十二章：「子路問：『聞斯行諸？』子曰：『有父兄在，如之何其聞斯行諸？』冉有問：『聞斯行諸？』子曰：『聞斯行之。』公西華曰：『由也問聞斯行諸，子曰：「有父兄在。」冉有問聞斯行諸，子曰：「聞斯行之。」赤也惑，敢問。』子曰：『求也退，故進之；由也兼人，故退之。』」

這章很容易很明白，子路和冉有先後對孔子問了完全一樣的問題：「聽到了消息就去行動嗎？」孔子卻給了不一樣的答案，對子路，他說：「有長輩在，不用去問問長輩意見嗎？哪可以聽了就去做？」對冉有，卻說：「對，聽到了，就去做。」公西華是個最常隨侍孔子身邊的弟子，得有機會聽到這兩段問答，當然覺得很困惑，為什麼老師給的答案不一樣？孔子解釋：「因為冉有的個性比較退縮，所以鼓勵他不要猶豫；子路個性衝動，常常一個人就想幹兩個人的事，所以要把他拉回來。」

這就是「因材施教」，同樣問題因不同人而有不同答案。真正的教育，是沒有標準答案的，只有能夠提供非標準答案給學生，才配做為一個老師啊！

下一章：「**子畏於匡，顏淵後。子曰：『吾以女為死矣。』曰：『子在，回何敢死？』**」《史記．孔子世家》上說，孔子離開衛國要到陳國去的路上，途經「匡」這個地方，被那裡的人誤認為魯國大夫陽貨，匡人痛恨曾經欺壓殘虐他們的陽貨，就將孔子一行人團團圍住，可能還將孔子拘禁了起來。這是「子畏於匡」，孔子在「匡」遭遇可怕事件的典故。

《論語．子罕篇》第五章：「**子畏於匡，曰：『文王既沒，文不在**

茲乎？天將喪斯文也，後死者不得與於斯文也；天之未喪斯文也，匡人其如予何？』」孔子被拘禁在「匡」的時候，曾這樣說：「文王死後，周文化不在我身上，由我來承擔嗎？如果老天的意思是要滅亡這種文化，那麼像我這樣一個後生就不應該有機會學習領受到這種文化；既然老天要讓這種文化繼續下去，匡人又能拿我怎麼樣呢？」

這裡我們一方面固然看到孔子的自負，視自己為周文化的傳承者，大有「天之選民」的意味，不過另一方面，我們也該從這份誇張的自負中，看出孔子的恐懼。他在自我安慰，找出理由來說服自己相信：「情況沒有那麼糟，因為我承擔的文化使命，所以上天會保佑我，不會讓匡人傷害我。」其中有種絕望中勉強維持希望的悲劇感。可見當時情況之可怕、之危急。

好不容易從匡逃出來，一片混亂中，顏淵走在最後面，很晚才出現。看到顏淵，孔子很誠實、很直接地表達了擔憂之情：「唉，我還以為你死了呢！」顏淵則既認真又帶點玩笑幽默地安慰老師：「只要老師還活著，我怎麼敢去死呢？」這樣的對話，反映的是大難之後的情真意切。

《論語．先進篇》第二十五章：「**子路使子羔為費宰。子曰：『賊夫人之子。』子路曰：『有民人焉，有社稷焉，何必讀書，然後為學？』子曰：『是故惡夫佞者。』**」子路作大夫家臣時，叫子羔去掌管「費」。孔子不以為然，罵子路：「這是害了別人家的孩子。」

孔子了解時局，也很了解學生的個性與能力，馬上看出子羔（「柴也愚」）並不適合去掌管「費」這麼敏感複雜的地方。子路也很聰明，明白老師的立場，就自我辯白說：「那裡有老百姓、有土地與五穀，也可以學習，為什麼非讀書才算是學習呢？」意思是不能因為子羔平常讀書表現不好，就覺得他一定不能勝任，他可以在管理「費」的工作上學習啊！

孔子一下子就看穿了子路的用意，直接點明了回他：「就是因為這樣所以我討厭利嘴會說話的人。」指責子路強詞奪理，明知道孔子的意思是子羔無法勝任這樣的工作，既害了子羔，又害了「費」的人民，卻要轉移焦點，說管理「費」的人民、土地、糧食，也是一種學習。「佞」最糟的效果，就是使得道理講不下去。孔子沒有要跟子路討論什麼是「為學」，這不是重點，索性孔子就不跟這樣利嘴會說話的人說下去了。

學生的志願

《論語．先進篇》最後一章，是全書最長的一章。「**子路、曾皙、冉有、公西華侍坐。子曰：『以吾一日長乎爾，毋吾以也。居則曰：「不**

吾知也！』如或知爾，則何以哉？』……」

四個學生陪坐在老師身邊，孔子說：「別因為我比你們年紀大些，就覺得我和你們不一樣，不了解你們。平日常感慨：『沒人了解我！』如果有人了解你們、信任你們，願意重用你們，你們要做些什麼呢？」

「子路率爾而對曰：『千乘之國，攝乎大國之間，加之以師旅，因之以饑饉，由也為之，比及三年，可使有勇，且知方也。』夫子哂之……」

第一個搶著回答問題的，當然是個性急切衝動的子路，他連想都沒怎麼想就說：「擁有千乘的中型國家，地處於大國之間，外面有軍隊威脅，內部人民吃不飽，讓我去治理，三年之後，可以讓人民武勇，而且還能守規矩。」子路說完了，孔子微微一笑。

「『求，爾何如？』對曰：『方六七十、如五六十，求也為之，

比及三年，可使足民。如其禮樂，以俟君子。』……

其他三個學生都沒有那麼自信直接，還是等到老師點名才給答案。孔子點了冉有的名，冉有說：「一個國土有六、七十里或五、六十里見方的小國，如果交給我治理，三年之後，可以讓人民都吃得飽。至於禮樂的發展，那我就沒有把握了，得交給更有資格的君子來掌管。」冉有顯然是循著子路的說法，用比子路降一級的規格表現自我期許，而且還謙虛地指出禮樂不是自己的長項。

再下來，孔子點名公西華回答，他的答案就更謙虛了。「**『赤，爾何如？』對曰：『非曰能之，願學焉。宗廟之事，如會同，端章甫，願為小相焉。』……**」

公西華說：「不敢說我能做得到，只是如果有機會願意好好學習。在宗廟祭祀上，或與外國的盟會上，我願意穿著正式禮服，扮演相禮的角色。」

還剩下曾點沒說。「『**點，爾何如？**』**鼓瑟希，鏗爾，舍瑟而作，對曰：**『**異乎三子者之撰。**』**子曰：**『**何傷乎？亦各言爾志也。**』**曰：**『**莫春者，春服既成，冠者五六人，童子六七人，浴乎沂，風乎舞雩，詠而歸。**』**夫子喟然歎曰：**『**吾與點也。**』**……**」

曾點之前沒有回答，一個原因是他在一邊彈瑟，老師點到他，他慢慢停了彈瑟，彈弦共振結束後，站起來說：「可是我想的，和其他三位說的很不一樣。」這是他沒有回答的另一個原因，受到子路搶答影響，冉有和公西華都朝向自己能夠在治理國家上做什麼事來回答。孔子鼓勵他：「那有什麼關係，本來就是要說說各自的願望與期待的啊！」

曾點說了，他的願望是：「暮春天氣暖和，穿上了薄的春服，和五、六個年輕人，六、七個孩子，到沂水邊洗洗澡，之後到舞雩台上吹吹風，把身上吹乾，再一邊唱著歌一邊走回家。」他一說完，孔子長嘆一聲說：「我喜歡曾點的願望啊。」

顯示四位學生個性的精采問答結束了，紀錄卻還沒完。「三子者出，曾皙後。曾皙曰：『夫三子者之言何如？』子曰：『亦各言其志也已矣。』曰：『夫子何哂由也？』曰：『為國以禮，其言不讓，是故哂之。』『唯求則非邦也與？』『安見方六七十如五六十而非邦也者？』『唯赤則非邦也者？』『宗廟會同，非諸侯而何？赤也為之小，孰能為之大？』」

其他三個人出去了，只有曾點還留在老師身邊。曾點忍不住問老師對其他三人所說的志願有什麼看法。孔子一開始沒有回答，只是重複之前對曾點說過的：「就是說說各自的願望與期待罷了。」意思是三個人的回答，沒有高下是非之分。

但曾點好奇，為什麼子路講完話，老師會微微一笑，是因為他講得不好嗎？孔子解釋：「他的願望是要治國，把國家治理好，要依循禮，但他自己說話大剌剌的，沒有禮讓謙虛，所以笑他。」

曾點聽老師說子路的願望是治國，就疑惑地問：「可是冉有所講的就不是治國嗎？」孔子回答：「六七十里、五六十里見方的土地，怎麼不是國呢？」曾點又問：「那麼公西華所講的就不是治國嗎？」孔子回答：「管理宗廟，又有國際間的盟會，這不是國是什麼？公西華謙虛地說要做個『小相』，若是他只能作『小相』，誰又有資格作『大相』呢？」

看，孔子對弟子的成就，也都能如此多元包容、欣賞。他非但沒有怪曾點沒出息，反而讚許他的願望。他又特別對曾點解釋，其他三個人的志願，其實並無大小之別，只要依照自我傾向與能力的認知，好好去做，都同樣有價值。

小結

我們以《論語・先進篇》為主，配合部分其他篇章作為選讀的內容，透過這樣的閱讀，應該可以清楚顯示一份價值：與其將《論語》當作抽象的道理來吸收、背誦，還不如藉由《論語》看到特殊的「春秋」時代狀況，看到孔子這個精采的人，看到他在面對時代變局時，提出的種種主張，以及這些主張所賴以統合的基礎信念。

用這種方法，每一次讀《論語》，都一定會帶來興奮驚訝之感——怎麼會有孔子這樣的人，如此有個性，能夠用這種眼光看待人生、看待世界，說出許多充滿智慧的語言。這是一個比我們強大、比我們有智慧的生命，我們得以感染他的強大與智慧，而不是照抄他的想法、他的言詞，來對應我們自己的時代，處理我們自己的現實問題。

附錄

《論語》選摘

〈學而第一〉

子曰：「學而時習之，不亦說乎？有朋自遠方來，不亦樂乎？人不知而不慍，不亦君子乎？」

子曰：「君子食無求飽，居無求安，敏於事而慎於言，就有道而正焉，可謂好學也已。」

子貢曰：「貧而無諂，富而無驕，何如？」子曰：「可也；未若貧而樂，富而好禮者也。」子貢曰：「詩云：『如切如磋，如琢如磨』，其斯之謂與？」子曰：「賜也，始可與言詩已矣，告諸往而知來者。」

子曰：「不患人之不己知，患不知人也。」

〈爲政第二〉

子曰：「詩三百，一言以蔽之，曰『思無邪』。」

子曰：「吾十有五而志于學，三十而立，四十而不惑，五十而知天命，六十而耳順，七十而從心所欲，不踰矩。」

〈八佾第三〉

子曰：「人而不仁，如禮何？人而不仁，如樂何？」

林放問禮之本。子曰：「大哉問！禮，與其奢也，寧儉；喪，與其易也，寧戚。」

子曰：「關雎，樂而不淫，哀而不傷。」

〈里仁第四〉

子曰：「里仁為美。擇不處仁，焉得知？」

子曰：「不仁者，不可以久處約，不可以長處樂。仁者安仁，知者利仁。」

子曰：「唯仁者，能好人，能惡人。」

子曰：「苟志於仁矣，無惡也。」

子曰：「富與貴，是人之所欲也；不以其道得之，不處也。貧與賤，是人之所惡也；不以其道得之，不去也。君子去仁，惡乎成名。君子無終食之間違仁，造次必於是，顛沛必於是。」

子曰：「我未見好仁者，惡不仁者。好仁者，無以尚之；惡不仁者，其為仁矣，不使不仁者加乎其身。有能一日用其力於仁矣乎？我未見力不足者。蓋有之矣，我未之見也。」

子曰：「人之過也，各於其黨。觀過，斯知仁矣。」

〈公冶長第五〉

子謂公冶長，「可妻也。雖在縲絏之中，非其罪也。」以其子妻之。

子謂南容，「邦有道，不廢；邦無道，免於刑戮。」以其兄之子妻之。

或曰：「雍也，仁而不佞。」子曰：「焉用佞？禦人以口給，屢憎於人。不知其仁，焉用佞？」

孟武伯問：「子路仁乎？」子曰：「不知也。」又問。子曰：「由也，千乘之國，可使治其賦也，不知其仁也。」「求也何如？」子曰：「求也，千室之邑，百乘之家，可使為之宰也，不知其仁也。」「赤也何如？」子曰：「赤也，束帶立於朝，可使與賓客言也，不知其仁也。」

子曰：「巧言、令色、足恭，左丘明恥之，丘亦恥之。匿怨而友其人，左丘明恥之，丘亦恥之。」

顏淵、季路侍。子曰：「盍各言爾志？」子路曰：「願車馬、衣輕裘，與朋友共。敝之而無憾。」顏淵曰：「願無伐善，無施勞。」子路曰：「願聞子之志。」子曰：「老者安之，朋友信之，少者懷之。」

〈雍也第六〉

子曰：「雍也可使南面。」

仲弓問子桑伯子。子曰：「可也簡。」仲弓曰：「居敬而行簡，以臨其民，不亦可乎？居簡而行簡，無乃大簡乎？」子曰：「雍之言然。」

哀公問：「弟子孰為好學？」孔子對曰：「有顏回者好學，不遷怒，不貳過。不幸短命死矣，今也則亡，未聞好學者也。」

季康子問：「仲由可使從政也與？」子曰：「由也果，於從政乎何有？」曰：「賜也可使從政也與？」曰：「賜也達，於從政乎何有？」曰：「求也可使從政也與？」曰：「求也藝，於從政乎何有？」

子曰：「賢哉，回也！一簞食，一瓢飲，在陋巷，人不堪其憂，回也不改其樂。賢哉，回也！」

冉求曰：「非不說子之道，力不足也。」子曰：「力不足者，中道而廢。今女畫。」

子見南子，子路不說。夫子矢之曰：「予所否者，天厭之！天厭之！」

〈述而第七〉

子曰：「述而不作，信而好古，竊比於我老彭。」

子曰：「默而識之，學而不厭，誨人不倦，何有於我哉？」

子曰：「德之不脩，學之不講，聞義不能徙，不善不能改，是吾憂也。」

子食於有喪者之側，未嘗飽也。

子於是日哭，則不歌。

子曰：「富而可求也，雖執鞭之士，吾亦為之。如不可求，從吾所好。」

子在齊聞韶，三月不知肉味，曰：「不圖為樂之至於斯也。」

子曰：「飯疏食飲水，曲肱而枕之，樂亦在其中矣。不義而富且貴，於我如浮雲。」

子曰：「二三子以我為隱乎？吾無隱乎爾。吾無行而不與二三子者，是丘也。」

子與人歌而善，必使反之，而後和之。

子曰：「文，莫吾猶人也。躬行君子，則吾未之有得。」

〈泰伯第八〉

曾子有疾，召門弟子曰：「啟予足！啟予手！詩云：『戰戰兢兢，如臨深淵，如履薄冰。』而今而後，吾知免夫！小子！」

〈子罕第九〉

達巷黨人曰：「大哉孔子，博學而無所成名。」子聞之，謂門弟子曰：「吾何執？執御乎？執射乎？吾執御矣。」

子畏於匡。曰：「文王既沒，文不在茲乎。天之將喪斯文也，後死者不得與於斯文也。天之未喪斯文也，匡人其如予何？」

子疾病，子路使門人為臣。病間，曰：「久矣哉！由之行詐也，無臣而為有臣。吾誰欺？欺天乎？且予與其死於臣之手也，無寧死於二三子之手乎？且予縱不得大葬，予死於道路乎？」

子曰：「譬如為山，未成一簣，止，吾止也！譬如平地，雖覆一簣，進，吾往也！」

〈鄉黨第十〉

食不厭精，膾不厭細。食饐而餲，魚餒而肉敗，不食。色惡，不食。

臭惡，不食。失飪，不食。不時，不食。割不正，不食。不得其醬，不食。肉雖多，不使勝食氣。惟酒無量，不及亂。沽酒市脯不食。不撤薑食。不多食。祭於公，不宿肉。祭肉不出三日，出三日，不食之矣。食不語，寢不言。雖疏食菜羹，瓜祭，必齊如也。

〈先進第十一〉

子曰：「先進於禮樂，野人也；後進於禮樂，君子也。如用之，則吾從先進。」

子曰：「從我於陳蔡者，皆不及門也。」

德行：顏淵、閔子騫、冉伯牛、仲弓；言語：宰我、子貢；政事：冉有、季路；文學：子游、子夏。

子曰：「回也，非助我者也！於吾言，無所不說。」

子曰：「孝哉閔子騫，人不間於其父母昆弟之言。」

南容三復白圭，孔子以其兄之子妻之。

季康子問：「弟子孰為好學？」孔子對曰：「有顏回者好學，不幸短命死矣！今也則亡。」

顏淵死，顏路請子之車以為之椁。子曰：「才不才，亦各言其子也。

鯉也死，有棺而無椁；吾不徒行以為之椁，以吾從大夫之後，不可徒行也。」

顏淵死，子曰：「噫！天喪予！天喪予！」

顏淵死，子哭之慟。從者曰：「子慟矣！」曰：「有慟乎！非夫人之為慟而誰為！」

顏淵死，門人欲厚葬之，子曰：「不可。」門人厚葬之。子曰：「回也，視予猶父也，予不得視猶子也。非我也，夫二三子也。」

季路問事鬼神。子曰：「未能事人，焉能事鬼？」「敢問死？」曰：「未知生，焉知死？」（十二）

閔子侍側，誾誾如也；子路，行行如也；冉有、子貢，侃侃如也。子樂：「若由也，不得其死然。」

魯人為長府。閔子騫曰：「仍舊貫，如之何？何必改作！」子曰：「夫人不言，言必有中。」

子曰：「由之瑟，奚為於丘之門？」門人不敬子路。子曰：「由也升堂矣！未入於室也！」

子貢問：「師與商也孰賢？」子曰：「師也過，商也不及。」曰：「然則師愈與？」子曰：「過猶不及。」

季氏富於周公，而求也為之聚斂而附益之。子曰：「非吾徒也，小子鳴鼓而攻之可也！」

柴也愚，參也魯，師也辟，由也喭。

子曰：「回也其庶乎！屢空；賜不受命，而貨殖焉；億則屢中。」

子張問善人之道。子曰：「不踐跡，亦不入於室。」

子曰：「論篤是與，君子者乎？色莊者乎？」

子路問：「聞斯行諸？」子曰：「有父兄在，如之何其聞斯行之！」冉有問：「聞斯行諸？」子曰：「聞斯行之！」公西華曰：「由也問『聞斯行諸？』，子曰：『有父兄在』；求也問，『聞斯行諸？』子曰：『聞斯行之』。赤也惑，敢問？」子曰：「求也退，故進之；由也兼人，故退之。」

子畏於匡，顏淵後。子曰：「吾以女為死矣！」曰：「子在，回何敢死！」

季子然問：「仲由、冉求，可謂大臣與？」子曰：「吾以子為異之問，曾由與求之問？所謂大臣者，以道事君，不可則止；今由與求也，可謂具臣矣。」曰：「然則從之者與？」子曰：「弒父與君，亦不從也。」

子路使子羔為費宰。子曰：「賊夫人之子！」子路曰：「有民人焉，有社稷焉，何必讀書，然後為學？」子曰：「是故惡夫佞者。」

子路、曾皙、冉有、公西華侍坐。子曰：「以吾一日長乎爾，毋吾以也。居則曰：『不吾知也！』如或知爾，則何以哉？」子路率爾而對，曰：「千乘之國，攝乎大國之間，加之以師旅，因之以饑饉，由也為之，比及三年，可使有勇，且知方也。」夫子哂之。「求，爾何如？」對曰：「方六七十，如五六十，求也為之，比及三年，可使足民；如其禮樂，以俟君子。」「赤，爾何如？」對曰：「非曰能之，願學焉！宗廟之事，如會同，端章甫，願為小相焉。」「點，爾何如？」鼓瑟希，鏗爾，舍瑟而作。對曰：「異乎三子者之撰。」子曰：「何傷乎？亦各言其志也。」曰：「莫春者，春服既成；冠者五六人，童子六七人，浴乎沂，風乎舞雩，詠而歸。」夫子喟然歎曰：「吾與點也！」三子者出，曾皙後。曾皙曰：「夫三子者之言何如？」子曰：「亦各言其志也已矣！」曰：「夫子何哂由也？」曰：「為國以禮，其言不讓，是故哂之。」「唯求則非邦也與？」「安見方六七十，如五六十，而非邦也者。」「唯赤非邦也與？」「宗廟會同，非諸侯而何？赤也為之小，孰能為之大！」

〈顏淵第十二〉

顏淵問仁。子曰：「克己復禮，為仁。一日克己復禮，天下歸仁焉。為仁由己，而由仁乎哉？」顏淵曰：「請問其目？」子曰：「非禮勿視，非禮勿聽，非禮勿言，非禮勿動。」顏淵曰：「回雖不敏，請事斯語矣！」

仲弓問仁。子曰：「出門如見大賓；使民如承大祭；己所不欲，勿施於人；在邦無怨，在家無怨。」仲弓曰：「雍雖不敏，請事斯語矣！」

司馬牛問仁。子曰：「仁者，其言也訒。」曰：「斯言也訒，其謂之仁矣乎？」子曰：「為之難，言之得無訒乎？」

司馬牛問君子。子曰：「君子不憂不懼。」曰：「不憂不懼，斯謂之君子矣乎？」子曰：「內省不疚，夫何憂何懼？」

樊遲問仁。子曰：「愛人。」問知。子曰：「知人。」樊遲未達。子曰：「舉直錯諸枉，能使枉者直。」樊遲退，見子夏。曰：「鄉也吾見於夫子而問知，子曰：『舉直錯諸枉，能使枉者直』，何謂也？」子夏曰：「富哉言乎！舜有天下，選於眾，舉皋陶，不仁者遠矣。湯有天下，選於眾，舉伊尹，不仁者遠矣。」

〈子路第十三〉

子路曰：「衛君待子而為政，子將奚先？」子曰：「必也正名乎！」子路曰：「有是哉，子之迂也！奚其正？」子曰：「野哉由也！君子於其所不知，蓋闕如也。名不正，則言不順；言不順，則事不成；事不成，則禮樂不興；禮樂不興，則刑罰不中；刑罰不中，則民無所措手足。故君子名之必可言也，言之必可行也。君子於其言，無所苟而已矣。」

子曰：「誦詩三百，授之以政，不達；使於四方，不能專對；雖多，亦奚以為？」

〈憲問第十四〉

子曰：「有德者，必有言。有言者，不必有德。仁者，必有勇。勇者，不必有仁。」

子路曰：「桓公殺公子糾，召忽死之，管仲不死。」曰：「未仁乎？」子曰：「桓公九合諸侯，不以兵車，管仲之力也。如其仁！如其仁！」

〈衛靈公第十五〉

在陳絕糧，從者病，莫能興。子路慍見曰：「君子亦有窮乎？」子曰：「君子固窮，小人窮斯濫矣。」

子貢問為仁。子曰：「工欲善其事，必先利其器。居是邦也，事其大夫之賢者，友其士之仁者。」

子曰：「吾之於人也，誰毀誰譽？如有所譽者，其有所試矣。斯民也，三代之所以直道而行也。」

〈季氏第十六〉

子曰：「天下有道，則禮樂征伐自天子出；天下無道，則禮樂征伐自諸侯出。自諸侯出，蓋十世希不失矣；自大夫出，五世希不失矣；陪臣執國命，三世希不失矣。天下有道，則政不在大夫。天下有道，則庶人不議。」

〈陽貨第十七〉

子張問仁於孔子。孔子曰：「能行五者於天下，為仁矣。」請問之。曰：「恭、寬、信、敏、惠。恭則不侮，寬則得眾，信則人任焉，敏則有功，惠則足以使人。」

子曰：「小子！何莫學夫詩？詩，可以興，可以觀，可以群，可以怨。邇之事父，遠之事君。多識於鳥獸草木之名。」

宰我問：「三年之喪期已久矣！君子三年不為禮，禮必壞；三年不為樂，樂必崩。舊穀既沒，新穀既升；鑽燧改火，期可已矣。」子曰：「食夫稻，衣夫錦，於女安乎？」曰：「安！」「女安，則為之！夫君子之居喪，食旨不甘，聞樂不樂，居處不安，故不為也。今女安，則為之！」宰我出。子曰：「予之不仁也！子生三年，然後免於父母之懷。夫三年之喪，天下之通喪也。予也，有三年之愛於其父母乎？」

〈微子第十八〉

長沮、桀溺耦而耕，孔子過之，使子路問津焉。長沮曰：「夫執輿者為誰？」子路曰：「為孔丘。」曰：「是魯孔丘與？」曰：「是也。」曰：「是知津矣。」問於桀溺，桀溺曰：「子為誰？」曰：「為仲由。」曰：「是魯孔丘之徒與？」對曰：「然。」曰：「滔滔者天下皆是也，而誰以易之？且而與其從辟人之士也，豈若從辟世之士哉？」耰而不輟。子路行以告。夫子憮然曰：「鳥獸不可與同群，吾非斯人之徒與而誰與？天下有道，丘不與易也。」

〈子張第十九〉

衛公孫朝問於子貢曰：「仲尼焉學？」子貢曰：「文武之道，未墜於地，在人。賢者識其大者，不賢者識其小者，莫不有文武之道焉。夫子焉不學？而亦何常師之有？」

〈堯曰第二十〉

子曰：「不知命，無以為君子也。不知禮，無以立也。不知言，無以知人也。」

中國傳統經典選讀4

所有人的孔老師 論語

2013年11月初版 定價：新臺幣240元
2022年1月初版第四刷

著　　者　楊　　照
叢書編輯　陳　逸　達
整體設計　江　宜　蔚

出版者　聯經出版事業股份有限公司
地址　新北市汐止區大同路一段369號1樓
叢書主編電話　(02)86925588轉5305
台北聯經書房　台北市新生南路三段94號
電話　(02)23620308
台中分公司　台中市北區崇德路一段198號
暨門市電話　(04)22312023
郵政劃撥帳戶第0100559-3號
郵撥電話　(02)23620308
印刷者　文聯彩色製版印刷有限公司
總經銷　聯合發行股份有限公司
發行所　新北市新店區寶橋路235巷6弄6號2F
電話　(02)29178022

副總編輯　陳　逸　華
總編輯　涂　豐　恩
總經理　陳　芝　宇
社　長　羅　國　俊
發行人　林　載　爵

行政院新聞局出版事業登記證局版臺業字第0130號

本書如有缺頁，破損，倒裝請寄回台北聯經書房更換。 ISBN 978-957-08-4275-3 (平裝)
聯經網址 http://www.linkingbooks.com.tw
電子信箱 e-mail:linking@udngroup.com

國家圖書館出版品預行編目資料

所有人的孔老師 論語/楊照著．初版．新北市．聯經．
2013年11月．192面．13.5×21公分（中國傳統經典選讀：4）
ISBN 978-957-08-4275-3（平裝）
[2022年1月初版第四刷]

1.詩經 2.研究考訂

121.227 102019405